Johann Friederich Hammerich

Andenken an Oeder

Johann Friederich Hammerich

Andenken an Oeder

ISBN/EAN: 9783742897183

Hergestellt in Europa, USA, Kanada, Australien, Japan

Cover: Foto ©ninafisch / pixelio.de

Manufactured and distributed by brebook publishing software
(www.brebook.com)

Johann Friederich Hammerich

Andenken an Oeder

Georg Christian Edler von Oeder,

gebohren den 3. Febr. 1728,

gestorben den 28. Januar

1791.

ANDENKEN

AN

O E D E R.

———— ··

VON

H A L E M.

Loquor autem de homine, cui vivere
fuit cogitare.

Cic. Tusc. V.

ALTONA

BEY JOHANN FRIEDRICH HAMMERICH.

I 7 9 3.

Ich möchte einen Blick zurückwerfen
auf die Laufbahn eines Mannes, durch
den die Masse der menschlichen Kennt-
niſs in mehrern Fächern vermehret, durch
den die gröſsere Glückseligkeit einer
zahlreichen Menschenklasse vorbereitet,
der gewürdigt ist, ein Wohlthäter des
menschlichen Geschlechts zu seyn.

Wer weilt nicht gern mit mir an
dem Grabe dieses Edeln? Mein Beruf,
einen Kranz um des Verewigten Urne
zu flechten, ist die langjährige Freund-
schaft, welche mich mit ihm verband,

A 2

ist der Besitz einiger handschriftlichen Aufsätze des Verstorbenen, ist das Zutrauen, die Aufforderung seiner würdigen Wittwe. Ihr zunächst widme ich diese Blätter.

Georg Christian, Edler von Oeder, war der dritte Sohn *Georg Ludwig Oeders,* der Theologie Doctors und Dechanten zu Feuchtwangen im Fürstenthum Onolzbach. Seine Mutter war *Margrete Sybille,* geborne *Hamberger.* Den 3. Febr. 1728 ward er in der Stadt Anspach geboren, wo sein Vater damals die Conrectorstelle am Gymnasium bekleidete. Schon in seinem dritten Jahre nahm ihn seine rechtschaffene Grofsmutter, die damals verwittwete Dechantin Hamberger zu sich nach Feuchtwangen, und erzog ihn bis in sein neuntes Jahr, da sein Vater das Dechanat zu Feuchtwangen antrat, und seinen Sohn wieder zu sich nahm. Anfangs ließ er ihn in der dortigen lateinischen Schule Theil am öffentlichen Unterricht nehmen. Aber seit dem zwölften Jahre seines Alters übernahm der Vater allein die Bildung seines Sohnes, welcher schon damals seine Vorliebe zur Mathematik, zum Rechnen und Zeichnen an den Tag legte. Um Ostern 1746 befand er sich im Stande, die Universität Göttingen zu beziehen.

Die Arzneykunde, welche wegen der Mannigfaltigkeit der mit ihr verwandten Wissenschaften für den Forscher so unendlichen Reiz hat, scheint gleich beym Anbeginn seiner akademischen Laufbahn der Gegenstand seines Studiums gewesen zu seyn. *Segner* war sein Lehrer in der Mathematik. Bey *Richter* und *Brendel* hörte er medizinische Collegia. Sein Hauptlehrer aber war *Haller*, dessen fast täglichen Unterricht er drey Jahre lang genofs. Unter ihm studirte er auch Botanik, und *Oeder* fehlte nie bey den botanischen Wallfahrten, die sein grofser Lehrer mit seinen Zöglingen anstellte. *Hallers* Umgang nährte auch seinen Geschmack an den schönen Wissenschaften, und führte ihn besonders zu dem Studium der Englischen Sprache und Litteratur, die bis an sein Ende grofsen Reiz für ihn behielt. *Richardson* schrieb damals sein Meisterwerk, die Clarisse. Das Buch kam, so wie es gedruckt wurde, heftweise nach Göttingen. *Oeder* erinnerte sich noch oft in seinem Alter, mit welchem Vergnügen Haller es gelesen und sich nachher mit seinen Freunden, denen er es mitgetheilt, darüber unterhalten hatte. Nach der *Schlaftrunkscene* konnte Haller seine Unzufriedenheit mit dem Verfasser nicht verbergen. »Er »hat sie fallen lassen,» rief er, »und »er *kann* sie nicht wieder heben.» Dennoch hob er sie. Das folgende Heft brachte die *Messerscene*, und um so gröfser war nun die Bewunderung, die Haller Richardsons Genius zollte.

. Im Herbst 1749 erhielt *Oeder* den Doctorgrad. Seine von ihm selbst verfertigte Dissertation, welche er unter dem Vorsitze des Professors Segner vertheidigte, handelte *de derivatione et révulsione per venae sectionem*.

Auf Veranlassung seines Ländsmannes *Camerer* ging er hierauf als Medicinä Practicus nach Schleswig, wo sein Zutritt im Hause des Etatsraths *Ericius*, mit dessen beiden Söhnen er studirt hatte, Anlaſs zu seiner ersten Heirath gab. Der General, Graf *Schmettau*, welcher damals mit seinem Regiment in Schleswig lag, erkannte den Werth des jungen Mannes, und empfahl ihn aufs wärmste dem Grafen *Bernstorf*, welcher im Jahre 1751 als Dänischer Minister der auswärtigen Angelegenheiten und Obersekretär der deutschen Canzley nach Copenhagen ging. *Bernstorf* erkundigte sich weiter bey Hallern, und — *Oeders* Glück war gemacht. *Bernstorf*, welcher gleich den Antritt seines so merkwürdigen Ministeriums durch den Ruf mehrerer würdigen Gelehrten, eines *Klop-*

stock, eines *Cramer,* eines *Berger* und mehrerer verherrlichte, bewährte auch durch *Oeders* Aufnahme seine Klugheit in der Wahl von Männern, deren Zusammentreffen das Zeitalter *Friedrichs* V auch für die Wissenschaften in den Dänischen Jahrbüchern für immer vortheilhaft auszeichnen wird.

Bey der Copenhagner Universität fehlte ein botanisches Institut, und *Oeder* sollte zu dessen Anlage gebraucht werden. Nach den akademischen Gesetzen mufste der Ernennung zur Professur eine öffentliche Disputation vorhergehen. Zum Thema wählte sich *Oeder* die Hallersche Lehre von der Irritabilität, eine damals neue Theorie. Auch ist seine Dissertation *de irritabilitate* nach der Kundigen Urtheil eine der besten über diese Materie, obgleich Haller nicht ganz damit zufrieden war. Denn *Oeder* dachte selbst, und also wohl *mit* ihm, aber nicht *nach* ihm. Die öffentliche Vertheidigung war nicht glücklich. An Disputirgaben mufste *Oeder*, besonders dem jetzigen Physicus in Fühnen, Doctor *Eichel*, nachstehn. Diefs ward ihm in sofern nachtheilig, dafs die Regierung nicht gerathen fand, ihn gleich bey der *Universität* anzusetzen. Er ward *Königlicher* Professor. Das im Jahre 1752 auf königliche Kosten angelegte botanische Institut blieb von der Universität unabhängig, und ward unter Direction des Grafen *Moltke*, *Oeders* alleiniger Aufsicht anvertraut. Die Absicht war jedoch, das Institut zu seiner Zeit mit der Universität zu vereinen.

Allein der Umstand, daſs einem Fremden, seiner Ungewandtheit in den Cathederkünsten ungeachtet, die Anlage übertragen, und, mit Hintansetzung der Universität, die Ausführung unter unmittelbarem Schutze des Hofes geschehen war, brachte jene gleich Anfangs gegen das Institut auf, und erweckte *Oedern* viele Widersacher.

Dennoch ging das Unternehmen gut von Statten. Der botanische Garten ward nahe am Zollhause und beym Eingange des Hafens angelegt. Auch fing man an, eine Bibliothek und naturhistorische Seltenheiten zu sammeln. *Oeder* ward endlich im Anfange des Jahres 1754 zum Professor der Botanik bey der Copenhagner Universität ernannt, und das Jahr darauf trat er zu Sammlung der

Flora Danica seine botanischen Reisen durch die Dänischen Staaten an. Er machte den Anfang mit Norwegen, einem Lande, das er aufserordentlich liebgewann, und von dem er nachher, so oft sich die Gelegenheit darbot, mit grofser Wärme redete.

Im ersten Jahre 1755 sah er sich in der Gegend von Christiania und Kongsberg um. Im Jahre 1756 reisete er durch Guldbrandsdalen und über Dobrefield nach Drontheim und von da über Röraas nach Christiania zurück. Der dritte Sommer beschäftigte ihn in Christiansands Stift auf der Seeseite diefsseits und jenseits Lindesnäfs. Auch durchstrich er das Gebirge Heckfield und Tellemarken. Im Sommer 1758 reisete er an der Seeseite von Stavanger durch

Bergens Stift nach Drontheim; und im
Sommer 1759 besah er einen Theil der
Nordlande bis Ranen.

Er konnte sein ganzes Leben durch
nicht genug rühmen, wie viel Bescheidenheit, mit Gutmüthigkeit und reinem,
richtigem Verstande verbunden, er besonders bey dem Norwegischen Bauer
gefunden habe.

Wenn irgend ein Reisender Gelegenheit hat, den Geist einer Nation zu stu-
diren, die Mängel der Verfassung zu
erforschen, dem Innern der Polizeypfle-
ge, den Erwerbquellen und deren Hin-
dernissen nachzuspüren, so wie überhaupt die Sitten *wie sie aufspringen, le-
bendig zu haschen*, so hat es der rei-
sende Botaniker. Sein Stand, als Ge-
lehrter, giebt ihm Zutritt in die Häuser

der Vornehmen und verschafft ihm die
Vertraulichkeit der Unterrichteten aller
Stände. Sein Beruf führt ihn aber auch
oft von der Landstrafse ab, da er Ob-
dach suchen mufs in den Hütten der
Armuth. Dem Manne, der, mit keinem
zurückschreckenden öffentlichen Charak-
ter bekleidet, blos auf die Kräuter des
Feldes seine Aufmerksamkeit zu richten
scheinet, ihm öffnet sich ohne Rückhalt
das Herz des Landmannes wie des Bür-
gers; des Armen wie des Reichen; des
Lehr - wie des Nährstandes; und der
Beobachter hat am Ende, neben der
schönen *Kräuter*kunde, die schönere
*Menschen*kunde erworben.

Solch ein Beobachter war *Oeder*.
Rousseau, der Menschenforscher, ward
am Ende seiner Laufbahn ein Kräuter-

ken-

kenner. *Oeder* gewann, indem er die *Kräuter* aufsuchte, Menschen - und Völkerkunde.

Aber er *erwarb* nicht blos diese Kunde; Er *benutzte* sie auch zum Wohl des Staats, welchem er sich gewidmet hatte. Von seinen botanischen Arbeiten, die sich in der *Flora* zeigen mußten, konnte er seine Gönner, *Bernstorf* und *Moltke,* wenig unterhalten. Er sandte ihnen also Reise - Nachrichten und politisch - ökonomische Betrachtungen über Norwegen, welche den Ministern um so willkommner seyn mußten, da sie das Land nur durch die Finanz- Departements und deren Jahrrechnungen kannten, von den wahren Bedürfnissen dieses Reichs aber wenig unterrichtet waren. So handelte er z. I:

B

von Verbesserung der Medicinal - Anstalten, vom Getreidepreis, vom Anbau
des Landes in Gebirgen, von den Wegen, von der Zuträglichkeit, das Norwegische Odelsrecht, (das Einlösungs- und
Erstgeburtsrecht), als ein Hinderniſs der
Bevölkerung, aufzuheben; über den
Ausspruch eines Norwegischen Bauern,
daſs es nicht eher in Norwegen gut
aussehen würde, als bis die Wälder
ausgerottet wären; über manche Unter-
nehmungen, die des Nordischen Bür-
gers und Kaufmanns und andrer ver-
mögenden Personen Aufmerksamkeit
und Unterstützung verdienten. Auch
verbreitete er sich bey Gelegenheit einer ökonomischen Beschreibung von
Udsterns-Klosterhof über die Norwegische Landwirthschaft und deren Ver-

besserung, wobey er ausführlich von Bygsel Gods, Almindingen und vom Ryddningswesen handelte.

Ich *nenne* die Gegenstände, über die er schrieb, und wovon die Handschriften vor mir liegen. Sind sie gleich gröstentheils zu lokal, um das gröfsere, besonders das deutsche Publikum zu interessiren, so wird doch der Dänisch-Norwegische Patriot hiedurch aufmerksam gemacht, vielleicht deren Bekanntmachung wünschen und gern einen Denker wie *Oeder* über seine innere Landesverfassung urtheilen hören.

Indefs enthalten *Oeders* Reise - Nachrichten auch allgemein interessante Beyträge zur philosophischen Länderkunde. Es sey mir erlaubt, ein Stück daraus herzusetzen:

B 2

»In Stavanger Lehn, Bergens Stift und den Nordlanden, überhaupt auf der Seite der Nordsee sind viele und grofse Glaciéres, (Brä) oder mit ewigem Schnee bedeckte Strecken; aber in dem Innern des Landes sind sie nur klein und seltner. Justedals-Glaciére erstreckt sich durch sieben Kirchspiele in drey Vogtheyen und kommt an einem Orte dem Ufer des Meeres auf eine halbe Viertelmeile nach. Die Ursache dieser Glaciéres ist nicht, dafs die Gebirge an der Seeseite höher wären, als die im Innern des Landes; sondern dafs die dem Meere zugewandte Seite der Berge die beständig von der See antreibenden Dünste und Wolken an sich zieht und bricht, viel Feuchtigkeit den Schnee aber in einen Mittelzustand zwischen Schnee und Eis setzt. Ich ward davon deutlich überzeugt, als ich in den letzten Tagen des Junii 1757 über Heckfield, ein Stück der langen Kette von Gebirgen, Langfieldene von O. S. O. und W. N. W. queer ein reisete. Es war nur wenig Schnee auf der Ostseite; aber als ich schon über die gröfste Höhe des Berges gekommen war, und der Weg wieder unterwärts ging, war fast alles damit bedeckt.»

»Wer Lust hat in die vielen Cosmotheorien vom Ursprung der Berge und dergl. sich einzulassen, kann folgenden Umstand mit in Erwägung ziehen, den ich mich nicht erinnere, in andern Beschreibungen von Gebirgen gelesen zu haben. Die höchsten Spitzen der Berge im Innern des Landes stellen nicht einen dichten Felsen vor, sondern eine convideische Fläche, welche rings umher mit losen Bruchstücken, oder grofsen Steinen von allerhand Formen und in allen möglichen Lagen, und mit kleinern Steinen, Schutt und Grufs so ganz bedeckt ist, dafs man nicht einen Fufs auf festen Boden setzen kann. Eine Bresche von einer eingeschossenen Mauer kann im Kleinen diesen Anblick der Felsenspitzen vorstellen. Diese Spitzen sind auch ganz nackend, und kaum trift man darauf eine Handvoll von einer gewissen, den Alpen eignen Erde an, obschon der Bergrücken rund herum um den Fufs einer solchen Spitze mit Pflanzen bekleidet ist. Diese Rudera, wenn ich sie so nennen mag, sind gewifs nicht die blofse Wirkung der

Schwere, wie das Ausfallen einer steilen und überhangenden Klippe ist. Man kann sich's nicht anders vorstellen, als dafs sie durch eine innerliche Erschütterung und von innen heraus wirkende Kraft entstanden sind. Wer an dem System des Alex. Moro Belieben findet, könnte sich leicht die Spitze des Grindfield in Valders als den Kessel eines ausgebrannten Vulkans vorstellen, wiewohl ich sonst keine Spuren eines Brandes, einer Lava, u. dergl. bemerket habe.»

»Eine andre Merkwürdigkeit sind gewisse grofse Steine, wie kleine Häuser grofs, welche man hier und dort auf dem Gebirge los liegen siehet, auf Flächen wo auf eine halbe Meile weit keine Bergspitze ist, von der ein solcher Stein hätte herabrollen können.»

»Für die Meinung, worüber in unsern Zeiten in Schweden so viel gestrit-
ten worden, dafs die Fläche des Meeres gegen das feste Land zu rechnen,
falle, finden sich in Norwegen keine
Beweise. Gysköe auf Sundmör, Tiot-
töen in Helgeland werden in der alten
Nordischen Historie genannt. Sie sind
aber noch auf diesen Tag gar wenig
über die Fläche des Meeres erhoben,
und müfsten es viel mehr seyn, wenn
die Celsianische Meinung richtig wäre.
Übrigens ist in keinem Lande besser
als in Norwegen Gelegenheit, der Nachwelt ein Denkmaal zu hinterlassen, wornach sie einst diese Streitigkeiten unwi-
dersprechlich schlichten könnte. Man
müfste nemlich in einer der sogenann-
ten Tiefrinnen, wo die Berge zu den

Seiten steil wie Wände in die Höhe stehen, z. E. zu innerst in Lyssefiord, in Ryfylke eine Linie in einer solchen Felsenwand ziehen und solche mit eingehauenen untrüglichen Merkmaalen kenntlich machen, darnach aber die gegenwärtige Höhe des Wassers mit ihren Veränderungen von Ebbe und Fluth und Jahrszeiten bestimmen.»

» Der Anblick im Innern eines solchen Busens, wie Lyssefiord, ist zum Erstaunen. Man stelle sich einen Berg, den man über einen Grad weit in der See sieht, in seinem Profil durchschnitten vor. Man denke sich nun, dafs man an dem Fufse dieser Profil-Section in einer engen Kluft stehe. In dieser Situation befindet man sich ungefähr, wenn man in bemeldeter Fiorde aus dem Boote tritt, um den Weg nach dem Gebirge zu nehmen. Die Felsenwände an den Seiten der Tiefrinnen stehn völlig senkrecht, das Wasser selbst ist nur ein Paar Flintenschüsse breit, die Oeffnung der Kluft gegen den Himmel nicht viel breiter, die Ränder sind nicht abzusehen, ohne dafs man sich flach auf den Rücken niederlegt. Hiezu die Dunkelheit und das Rauschen der Wasserbäche, die von den Felsenwänden herabstürzen. Es ist ein grauenvoller Aufenthalt.»

Doch wir müssen uns losreifsen, um auf den Hauptzweck der Reise, die Kräutersammlung zurück zu kommen. Die frischgefundenen Kräuter zeichnete *Oeders* Begleiter, Martin *Röfsler* der Sohn, auf der Stelle ab. Michael *Röfs-*

ler der Vater stach die Zeichnung in Kupfer, und so erschien seit dem Jahre 1762 heftweise, das Heft zu 60 Kupfertafeln, die *Flora Danica*, ein Werk, welches damals kaum seines gleichen hatte, und von Kennern als eine wahre Zierde unsers Jahrhunderts ausgezeichnet ward. *)

Im Jahre 1766 waren zwey Bände mit 360 Kupfertafeln vollendet. Deutschland nahm diefs Werk mit eben dem Recht in Anspruch, als es die Arbeiten eines *Natter, Wille, Winkelmann,* und anderer für Früchte Deutschen Bodens achtete, wenn sie gleich in fremden Boden zur Vollkommenheit gediehen sind.

---

*) Zehn Hefte gab er allein heraus. Aber auch noch in den folgenden Heften sind manche Abbildungen von ihm.

Nicht nur deutsche Gegenden diefsseits der Eider, an der Elbe und Weser hatten ihren Beytrag zu den gezeichneten Pflanzen geliefert; nicht nur war das Werk in deutscher, wie in dänischer und lateinischer Sprache erschienen, sondern es war auch durchaus von deutscher Hand. Es war die Frucht der mühsamen Reisen eines Naturforschers, der beyden Nationen Ehre machte, sowohl der, die ihn gebildet, als der, die ihn belohnet hatte.

Der ordentliche Weg, mit Kräutern Bekanntschaft zu machen, ist der *anschauende* in der Natur selbst. Aber wenn wir auch schon dazu geleitet würden, wie manche Bekanntschaft würden wir entbehren müssen, weil sie nicht in unserm Kreise zu machen wäre. In *trocknen* Kräutern findet man die Natur nicht immer wieder, auch ist die Brauchbarkeit davon nur kurz. *Beschreibungen* genügen kaum dem Meister in der Kunst. Es ist nicht leicht, Zeichen der Gedanken schnell in ein Bild der Imagination zu verwandeln, und die in den Beschreibungen *zerlegten* Theile einer Pflanze wieder in ein Ganzes zusammen zu setzen. Aber ein getreuer *Stich mit* einer genauen Beschreibung ist Gewinn für Kenner und Liebhaber. Durch die Beschreibung bekommt der Stich Sprache und bringt seine kleinsten entwischten Theile unter die Aufmerksamkeit. Durch den Stich bekommt die *Beschreibung* Körper und vereinigt sich in ein *Bild.* »Wären,« sagt daher *Oeder* mit Recht, »wären seit der Er-

findung der Kunst, Schriften und Kupfer
zu drucken, gleich Anfangs mehr Abbildungen, statt mangelhafter Beschreibungen geliefert, so würden die Botanisten der sauern Arbeit, welche sie auf
die Synonymie wenden müssen, gröfstentheils überhoben worden seyn; der
Anlässe zu den Klagen über die Menge
der Namen würden sich weniger gefunden haben; die erste Kenntnifs von den
Vegetabilien würde weiter ausgebreitet,
und in der Kenntnifs vom Nutzen der
Kräuter mehr geschehen seyn.»

Die Kupfer sind nach einer nicht
sehr gewöhnlichen Manier mit einfa-
chen Strichen ohne Kreuzstriche schraf-
firt, damit sie sowohl die Farben bey
der Illumination vertragen, als auch
entbehren können: und der schwarzen

Abdrücke wegen, weil diese die gröfste
Zahl ausmachen, ist der Stich ausschat-
tirt und mit dem Stichel ausgearbeitet.
Die Zeichnung auch der kleinsten Theile ist genau, reinlich und angenehm,
die Farbe von ausnehmender Schönheit.
Die Gewächse, selbst die Alpenpflanzen,
sind nach Exemplaren in frischem, leb-
haftem Zustande gezeichnet. Ein selte-
ner Vorzug! Es ist aber nöthig, wenn
man die Natur nach der Natur ausdrük-
ken will, dafs man, wo sie sich selbst
gelassen eine Pflanze erzeugt, den freyen
Stand, die volle Gestalt, den Ausdruck
der mannichfaltigen Theile, und besonders der eigentlich specifischen Abzei-
chen ihres Products der Natur auf der
Stelle abnimmt. Dies giebt eine freye,
vollgefüllte Zeichnung, die nicht blos

den Umrifs, sondern Körper, Stoff und Überzug ausdrückt!»

So weit die kurze Darstellung dessen, was *Oeder* durch die *Flora Danica* geleistet hat. Es ist ein Werk, das seinen Namen der späten Nachwelt überliefern wird; auch ist der Nutzen desselben nicht blos lokal, oder an gewisse Gegenden gebunden. Die Dänischen Staaten machen einen lang gestreckten Erdstrich von der Elbe bis zum Eismeer, vom 53 bis zum 70sten Grad der Breite, dessen Boden unendlich verschieden ist, der durch die Menge von Alpengewächsen, von Strand - und Seepflanzen wichtig wird. Kenner zählten in den zwey ersten Bänden 68 Arten, die nicht in Linnés *Flora Suecica* stehen. Die Dänische *Flora* soll vier Fünftel

tel der Englischen und fünf Sechstel der Pflanzen des nördlichen Deutschlands enthalten. Hier fängt also die Anstalt an, sich weiter als über die Dänischen Staaten auszubreiten, und ein grofser Theil des nördlichen Europa kann sich mit demselben den Lokalnutzen eigen machen. *Oeders* grofser Plan war, es sollte die *Flora Danica* die Europäische Flora von fast 20 Graden nördlicher Breite enthalten, und an diese erste Flora sollten sich zwey bis drey mehr südliche Floren anschliefsen, um so Europa in eine botanische Charte zu bringen, wie nachmals Zimmermann eine für die Zoologie gefertigt hat.

Damit aber dem Lande, für welches das Werk zunächst bestimmt war, auch die Benutzung desselben erleichtert wür-

C

de, vertheilte die Regierung 55 Exemplare in den Dänischen Staaten an sichere Personen, bey welchen jeder Unterthan solche einsehen und seinen einheimischen Reichthum kennen lernen könne. Während der Besorgung dieses wichtigen Werks, gab *Oeder* auch zugleich in lateinischer und deutscher Sprache eine *Einleitung zu der Kräuterkenntnifs* *) heraus. Kenner erkannten auch in diesem Werke seinen philosophischen Geist, bewunderten die ihm eigne gedankenreiche Schreibart und · rühmten die Bescheidenheit, mit welcher er, nächst der Zergliederung andrer bekannten Methoden, seine eigne Methode auf-

---

*) Elementa Botanicae P. I. 1764. P. II. 1766. Hafn. 8.

stellte. *) In der deutschen Ausgabe
drückte er alle Kunstwörter in der Mut-
tersprache aus, mit einem Erfolge, wie
man es von einem Manne, der eine
vollkommne Kenntnifs der Sache und
der Sprache besitzet, und kein Sklave
seiner Vorgänger ist, erwarten konnte. **)
Dieses Oedersche Werk fand auch
auswärts solchen Beyfall, dafs *Gouau* in
Montpellier seine ordentlichen Vorle-
sungen darüber hielt und es in Eden-
burg zu gleichem Zwecke bestimmt
ward. ***)

Auch nahm ihn im Jahre 1765. die
Societät der Wissenschaften zu Montpellier zu ihrem correspondirenden Mit-

---

*) A. D. B. VII. 2. S. 29.
**) A. D. B. XI. 1. S. 226.
***) A. D. B. IV. 1. S. 308.

gliede auf. Schon früher war er corre-
spondirendes Mitglied der Göttingischen
Societät der Wissenschaften geworden. ·
Sein letztes botanisches Werk, so
im Jahre 1769 und 1770 gleichfalls in
lateinischer und deutscher Sprache erschien, war ein Verzeichnifs der zu der
Flora Danica gehörigen wildwachsenden
Kräuter *).

Die Oederschen *Beschreibungen*
characterisirt ein Kunstrichter, dessen Urtheil mich auch vorher geleitet
hat **), mit diesen Worten: »Ohne
mit vielen Kunstausdrücken vorzuläuten,

---

*) Nomenclator botanicus. Hafn. 1769. 8. Enu-
meratio plantarum Florae Danicae, id est
sponte nascentium in regnis Daniae etc.
Hafn. 1770. 8. S. A. D. B. XV. S. 1. 187. Gött.
Anz. von 1770. Zug. S. 246.
**) Der Leibmedicus Hensler.

ist so viel wahre Philosophie der Kunst
hinein gelegt; es ist so viel feine kriti-
sche Gelehrsamkeit eingestreut; (und
doch hat man die Natur angesehen, als
ob sie noch nicht angesehen wäre:) es
ist so sehr aus der vollen, reifen und
eigenthümlichen Betrachtung der Natur
geschrieben; das Bemerkte ist so ge-
drungen und so angemessen in Worten,
die nicht selten neu, und immer glücklich sind, übergetragen, daſs durchaus
die allgemeine botanische Kunde dabey
gewonnen hat.» — »Oeder,» so sagt
dieser feine Critiker weiter, *) »Oeder
hat die bisher beste Methode (die Lin-
néische) geehrt, genutzt und — verlassen. Ein witziger Kenner meinte,
um seiner Werke Glück zu machen, ha-

---

*) A. D. B. VII. St. 1. S. 43. f.

be *Oeder* sich an dieselbe binden, oder gegen dieselbe ein Geschrey erregen sollen. Aber zum Nachbeten scheint er nicht sklavisch genug zu denken, und zum schimpfenden Tadel, den einige neuere Botanisten so sehr zum Tone gemacht, ungeachtet sie jeden Augenblick nach Linneus Krücke greifen, dazu scheint er zu viel Achtung für das wahre Verdienst zu haben. Aber auf dieser *Mitte* stehend, thut er grofse Schritte zum Natursystem näher als irgend einer seiner Vorgänger.»

Immittelst fuhr er fort, ermuntert von den Ministern Bernstorf und Moltke, mehrere Aufsätze über die Finanzen und andre Gegenstände der Staatswirthschaft einzureichen, und es entstand, besonders seit 1760. der Wunsch

in ihm, in Geschäften der Art gebraucht zu werden. Aber (wie er
auch jenen Ministern erklärte) sein
Plan des Lebens war gar nicht die
Botanik zu verlassen, die zu grofse
Reize für ihn hatte; Er wünschte nur,
nebenher in einem mit der Naturgeschichte verwandten Zweige der Staatswirthschaft, etwa im Ökonomie - und
Commerzcollegium, oder im Landwe-
senscollegium mit gebraucht zu werden,
und durch die damit verbundene Ge-
haltszulage seinen Zustand zu verbessern.

Seine Abhandlungen wurden immer
wichtiger. Er hatte sich mehr und
mehr überzeugt, dafs es in Norwegen
nicht so sehr im Bauer - als Bürgerstande
fehle. Die Landwirthschaft, fand er,

sey daselbst so hoch gebracht, als sie für sich allein es seyn könne, und nur durch den Einflufs des erweiterten bürgerlichen Gewerbes könne sie eine Verbesserung erwarten. »Norwegen,» sagt er später an einem andern Orte, *) »ist meines Erachtens, urbar Land gegen urbar Land gerechnet, stärker bewohnet, als Dännemark. Man mufs Norwegen oder ähnliche bergige Länder gesehen haben, um sich recht vorzustellen, wie die urbaren Flecken einen so gar geringen Theil ausmachen.»

»Wenn ich in unsern *Dänischen* Landstädten Dörfer mit dem Namen von Städten, und Landwirthe mit dem Namen von Bürgern sehe; wenn ich in

---

*) Zusätze zu dem Bedenken S. 99. Zweyte Ausgabe.

Norwegen die viel gerühmte Geschicklichkeit des Bauern in Verfertigung seines Hausgeräths, seiner Werkzeuge und Kleider bedenke, so ist mir beydes ein Beweis einer unvortheilhaften Verfassung beyder Reiche. Ich finde, daſs den Städten in Dännemark die Gelegenheit zum bürgerlichen Gewerbe und städtischer Nahrung entzogen ist, und der Landmann in Norwegen *Städte*, Professionisten, mehr in der Nähe bey sich haben sollte.» Diefs brachte ihn auf die Idee einer in den Nordlanden anzulegenden Stadt. *) »Die Nordlande fangen ungefähr 20 Meilen von Drontheim an, und erstrecken sich bis

---

*) Der Aufsatz ist im J. Bande des Neuen Kielischen Magazins S. 73. und 267. abgedruckt.

an Finnmarken in einem Striche von 70 bis 80 Meilen. Ihre Bevölkerung ist von ungefähr 50,000 Menschen. Dieser ganze Distrikt ist mit seinem Handel an die Städte Bergen und Drontheim gebunden; der gröfste Verkehr ist noch dazu mit dem entfernteren Bergen, das den nächsten Theilen der Nordlande 70, den entferntesten 120 bis 130 Meilen entlegen ist. Auf einer solchen Reise gehen ein bis zwey Monate des kurzen Sommers hin, und das Land vermisset in dieser Zeit einige hundert seiner besten, dem Ackerbau und der Landwirthschaft so nöthigen Mannspersonen.«

»Der beträchtlichste Theil der Nordländischen Produkte besteht in Fischen, einer Waare, welche durch jeden Auf-

schub in der Behandlung und dem Betrieb des Absatzes sich wesentlich verschlimmert, so wie der Preis durch die
Vielheit der Hände, durch welche die
Waare geht, gesteigert wird.»

»Aus beyden Betrachtungen erhellet
schon die Nothwendigkeit einer Stadt in
den Nordlanden, für diese Lande selbst.
Aber diese Stadt könnte auch zugleich
der beste Sitz des Isländischen, Farröi-
schen und Finnmarkischen eigenthümlichen Handels, und der Sitz eines En-
trepot-Handels nach Archangel werden.
Island ist ursprünglich eine Norwegische
Colonie. Natürlicher würde die Tochter sich an die Mutter halten. Aus den
Nordlanden ist über die offene See eine Überfahrt dahin, welche ungefähr
um die Hälfte kürzer ist, als der Weg

nach Copenhagen, das zu einem Stapelort des Isländischen Handels unstreitig zu weit entfernt liegt. Der Handel nach Island müſste dann frey werden und diese Insel nicht weiter der, aus der Concurrenz entstehenden Vortheile beraubet bleiben. Wenigstens könnte man erst einen oder andern Hafen frey machen und ein kleines Magazin für Rechnung des Königs in Bereitschaft halten, auf den Fall der Noth, wenn der Handel und die Zufuhr nicht nach Wunsch ausfallen sollte.»

Wenn jemals das Projekt von Errichtung dieser Stadt in den Nordlanden zur Ausführung kommen sollte, so würde nach *Oeders* Meinung die Gegend um die Mündung der Seebusen *Ranen* und *Wefsen* vorzügliche Be-

trachtung verdienen. » Ihre Errichtung,»
sagt er,» kostet eigentlich nichts, als
Wollen, die Hindernisse weg zu nehmen
und den Leuten zu erlauben, dafs sie
die Gaben der Natur nach ihren besten
Einsichten und Wissen nutzen dürfen.
Hier, wie bey hundert andern Gelegen-
heiten, ist es wahr, dafs eine Regierung ohne Aufwand, blos durch Weg-
räumung moralischer und politischer
Hindernisse, das Gewerbe der Menschen
unendlich mehr befördern kann, als
durch kostbares Zuthun.»

Um die Zeit, da der jetzt regieren-
de König auf den Thron kam, (1766)
wurden auf *Bernstorfs* Veranlassung
Oeders politische Aufsätze noch häufiger. Seine Betrachtungen verbreiteten
sich über mehrere Gegenstände und über

verschiedene Zweige der Staatsverwaltung, besonders auch über die Finanzen. Das Dänische Militärwesen entging ebenfalls nicht seiner Aufmerksamkeit. In einem besondern Memoire *) tadelte er die Veränderlichkeit der seit 1763 hierin genommenen Maaſsregeln, und sagte laut: »Die erste Sorge eines Staats muſs seyn, seine unabhängige Existenz in Ansehung der Nachbaren auf eigenthümliche innere Kräfte zu gründen. Eine jede Nation, wenn sie nur zahlreich genug ist, um eine Nation zu heiſsen, kann diese Unabhängigkeit behaupten. Die Natur hat dem Dänischen Staate zwischen der Trave und Elbe seine natürliche Gränze angewiesen, die

---

*) S. Oederiana. Schlesw. und Leipz. 1792. S. 141. f.

mit 70 bis 80,000 Streitern, (nicht mit 50,000, wie unsre Generale uns einbilden wollen) gegen jeden vertheidiget werden können. Diese suche die Nation in ihrem Innern, und es wird sie finden. Die Nationaltruppen müssen das Hauptwerk, die geworbenen Nebensache seyn; denn mit diesen allen, man künstle daran wie man will, ist nichts ausgerichtet. Kann der Bauerstand in Norwegen 50,000 Streiter hergeben, so muſs der Bauerstand in Dännemark und den Deutschen Landen verhältniſsmäſsig 45, 40 oder doch wenigstens auch 50,000 Mann liefern. Sie zu bilden kommt nur auf das Wollen und den Fleiſs der Officiere an. Das Exempel des See - Etats beweiset die Möglichkeit, sich im Land - Etat eben sowohl mit eignen Kräften zu helfen. Zur Vertheidigung des Vaterlandes ist kein Bürger zu kostbar, und weil fremde Hände weder in hinlänglicher Zahl für Geld zu haben sind, noch von Dännemark bezahlt werden können, so lasse man das Reich doch seine eignen Hände gebrauchen. Ein Hauptfehler bey der ehemaligen Einrichtung der National-Armee bestand darin, dafs die Officiere, die einmal bey den Nationalen angesetzet waren, auf ihre Lebzeit dabey gelassen wurden, statt dafs der Dienst bey den Nationalen zum Wege der Beförderung gemacht werden müfste, welche die Officiere nach dem Maafse, wie sie sich bey den Nationalen hätten angelegen seyn lassen, zu erwarten hätten, u. s. w.

Doch

Doch *Oeder* fühlte es, und äufserte es auch schon in dieser Abhandlung, dafs der Zustand des Dänischen Bauern ein Haupthindernifs bey dieser Einrichtung sey.

Die Untersuchung der Verfassung des Bauernstandes und der Mittel zu dessen Verbesserung erregte damals allgemeine Aufmerksamkeit.

Oeders Verdienst zeigt sich hier in einem so schönen Lichte und die Materie selbst ist für einen jeden Menschenfreund so wichtig, dafs der nähere Zutritt zu dem Geheimnisse der Ungerechtigkeit, das den Bauernstand so lange der ihm zugedachten Verbesserung beraubt hatte, eine angenehme Pflicht für den Biographen des Mannes ist,

D

welcher den ersten hellen Strahl in jene Dunkelheit warf.

Um über den Zustand des Bauern in Dännemark deutliche Begriffe zu haben, muſs man drey verschiedene Zeiträume unterscheiden. Der *erste* lange Zeitraum gehet bis zur Regierungsveränderung unter Friedrich III, während welchem das Volk durch die Aristokraten, welche keinen hinlänglichen Widerstand fanden, überwältiget, und auch der Bauernsohn an seinen Geburtsort gebunden ward. Der *zweyte* Zeitraum gehet von jener Regierungsveränderung bis 1702, da Friedrich IV das Band des Bauernsohnes durch eine Verordnung lösete, damit, wie es in der Verordnung heiſst, »bey ihnen mehr Lust, Muth und Neigung zur Arbeit, so

wie eine gröfsere Betriebsamkeit erwek-
ket würden, und damit sie, wenn sie
sähen, dafs sie und ihre Kinder mit vol-
ler Freyheit denjenigen Grund, für welchen sie arbeiteten, künftig besitzen
könnten, darin gröfsern Antrieb finden
möchten, für den König und das Vaterland ihr Leben zu wagen.» Der
dritte Zeitraum geht von dieser Verordnung bis auf unsre Zeiten; ein Zeitraum, der die grofse Wahrheit be-
stätigte, dafs die bestgemeinten Anord-
nungen ohne alle Wirkung bleiben, ja
wohl gar oft schädlich werden, wenn
Staat und Volk nicht durch vorläufige
Einrichtungen vorbereitet genug waren,
um das ihnen zugedachte und gezeigte
Gute auch anzunehmen. Nach Friedrichs IV schöner Verordnung sollte

der Bauer frey seyn; doch diefs setzte voraus, dafs der Bauer sich auf seinem Felde glücklich fühlte, und der vorzügliche Wohlstand ihn aus Wahl an seine Heimath fesselte. Wie konnte aber der Bauer dies Wohlstandsgefühl haben? Der Landbau befand sich in der elendesten Verfassung. Die mit Abgaben beschwerte Erde hatte keinen Werth, und um der unerträglichen Steuerlast auszuweichen, wurden ganze Höfe an den König überlassen. Die Bauernsöhne verliefsen ihres Vaters Hof und ihren Geburtsort, und gingen, wohin ihre Neigung sie trieb. Natürlicherweise hatte diefs nachtheiligen Einflufs auf den Vertheidigungsstand des Staates. Man spürte beträchtlichen Abgang bey der Landmiliz, welcher noch dadurch ver-

mehret wurde, dafs der Dienst des Landsoldaten, der bis dahin noch an seinem
Grundherrn einen Vertheidiger gefunden hatte, nun verschlimmert war durch
die Ungerechtigkeit der Officiere, welche eigenmächtig Landsoldaten an die
geworbenen Regimenter überliefsen. Die
Klage über diese letzten Bedrückungen
drang zu König Christians VI Ohren.
Er wollte es recht gut machen, und
hob 1730 die Landmiliz gänzlich auf.
Nun würde, meinte er, jeder Mann des
Staats durch das Gefühl seines Glücks
desto mehr zur Vertheidigung seines
Vaterlandes ermuntert werden. Aber
eben weil diefs Gefühl des Glücks fehlte, war die Folge der Aufhebung, dafs
der Dänische Bauer nur noch häufiger
vom Pfluge lief, dafs die Höfe verödet

wurden und das Land sich seiner kräftigsten Arme beraubet sah.

Christian fand sich schon im Jahre 1731 genöthiget, die Landmiliz wieder aufzurichten. Es erfolgte eine Reihe von Verordnungen, welche die Dienstjahre festsetzten, bis endlich die Verordnung vom 13. Apr. 1764 das Recht des Gutsbesitzers an seine Mannschaft dahin bestimmte, dafs solches schon mit dem Beschlufse des vierten Jahres ihrer Kindheit anfange, und die Bauern von diesem vierten bis in's vierzigste Jahr in der Rolle stehen bleiben sollten.

Auf diese Weise war die von Friedrich IV dem Bauerstande zugedachte Freyheit vereitelt. Denn wer vom vierten Jahre seiner Kindheit bis in's vierzigste, also über die Zeit hinaus, da ein

Mensch eingerichtet seyn sollte, an seinen Geburtsort gebunden ist, der
kann nicht frey genannt werden.

Man sieht klar, dafs Vermehrung
des Wohlstandes der Bauern die grofse
Bedingung der Freyheit ist. Wie aber
dieser Wohlstand am füglichsten zu befördern, und mit dem Interesse der
Gutsherren und dem Vertheidigungsstan-
de des Staats zu vereinen sey, das war
das grofse Problem, welches in dem
Jahrzehend, da *Oeder* die Königlichen
Lande als Botanist durchzog, die Mei-
nungen theilte. *) Graf *Moltke* veran-

---

*) Vergleiche des Etatsraths *Tyge Rothe* Dänischen Landwirth, wovon im 2. B. des Kielischen Magazins S. III und 194. ein interessanter Auszug geliefert wird. Als Vorrede
dienen Arth. Youngs wahre Worte: »Oft
schreibt man ganze Bücher voll Anweisun-

laſste *Oedern,* den er aus dessen andern
Aufsätzen als einen Denker erkannt hatte, auch diese Materie in's Licht zu sez-
zen. *Oeder* that es mit seiner gewöhn-
chen Freymuth und Scharfsinn. Sein
Bedenken über die Frage, wie dem
Bauernstande Freyheit und Eigenthum

---

gen zur Landwirthschaft, da man vielmehr
politische Grundsätze abhandeln sollte. Zu
erzählen, wie man Rüben, Kohl, gelbe Wur-
zeln, Luzern, Klee und andre solche Artikel
mit dem herrlichsten Vortheil in England
bauet, und dies an Landleute zu sagen, welche Auflagen zahlen müssen, wie Frankreichs
Taille, an Bauern, die jedes zehnte Stück
ihrer Produkte hergeben müssen, an Landwirthe in einem Lande, wo die Ausfuhr der
Produkte verboten, die Einfuhr aber erlaubt
ist, oder wo die Armuth so groſs ist, daſs
der Landmann keinen Markt für seine Waare finden kann; was sind alle diese Räthe
anders, als leichtsinnige Verhöhnungen des
geraden Menschenverstandes! "

*in den Ländern, wo ihm beides fehlet,
verschafft werden könne?* hat, wie
Freund und Feind ihm zugestehet, Epo-
che gemacht, und den Weg bereitet
zu den nachherigen Untersuchungen,
welchen der Dänische Bauer im künftigen Jahrhunderte seinen gröfsern Wohlstand verdanken wird.

»Man mufs sich,» sagt *Oeder,* »mit
einer strengen Unpartheylichkeit waff-
nen, um sich bey Erörterung dieser Frage zwischen dem Kontraste der Meinun-
gen durchzuhelfen. Auf der einen Seite Despotismus der Gutsherren, welche
für das Vergnügen, über Mitbürger zu
herrschen, als für Majestätsrechte strei-
ten; ängstliche Sorgen, dafs der Bauernstand auf ihre Kosten gewinnen würde;
verjährte Vorurtheile, als wenn keine

bessere Verfassung möglich wäre, wie
die einmal eingeführte: auf der andern
Seite unbillige Vorwürfe gegen die
Gutsherren ohne Unterschied, als wenn
ihre Widersetzlichkeit einzig alles Gute
hindere; fromme Wünsche, ohne eigentlich zu wissen, wo der Fehler lie-
ge, Ungeduld, die alles mit Gewalt
durchsetzen und Anschlägen keine Zeit
zur Reife geben will.»

Seine Meinung in der Sache selbst
ging dahin, daſs der Zustand des Landes, wo der Bauer sein eignes Feld
baue, dem Zustande desjenigen vorzu-
ziehen sey, wo er ohne Eigenthum und
mit eingeschränkter Freyheit arbeite.
»Ich halte also» — sagte er — »die-
jenige Verfassung des Landwesens in
einem Staate für die beste, wo der

Boden durchgehends in Portionen ver-
theilt ist, welche nicht gröfser sind, als
dafs sie ohne Frohndienste von ihren
Bewohnern bestritten werden können;
wo ein jeder Bewohner einer solchen
Portion sie als sein Eigenthum ansehen
und behandeln kann; und wo die Rech-
te der höhern Stände an diesen Portionen in bestimmten Abgaben angesetzt
sind. So wie die besondre Verfassung
in einem jeden Staate von dieser Verfassung mehr oder weniger entfernt ist,
halte ich sie für minder und minder
vortheilhaft, oder gar für schädlich.
Aus oben angegebener Verfassung flie-
fset eine erweiterte Bevölkerung, und
mit dieser Bevölkerung entstehen alle
glückliche Folgen derselben: Erweite-
rung des bürgerlichen Gewerbes, siche-

rer Vertheidigungszustand und ein auf diese zwey Umstände gegründetes Ansehen und Macht des Staates. Ich halte es auch für möglich, diese gewünschte Verfassung in einem jeden Staate, wo derselben die Verfassung grofser Landgüter im Wege ist, durch Zergliederung derselben zu erreichen, ohne Verlust der Eigenthümer solcher Güter, weder an Herrlichkeit, noch Einnahme, noch Sicherheit für's Künftige: — aber nicht durch Befehl und Zwangsmittel, — auch nicht anders als *allmülig.* Ich würde also dem Fürsten eines solchen Staates, der selbst Domänen hat, rathen, als *Landesherr* durch Anbefehlung einer schriftlichen Bestimmung der Frohndienste den Weg zu bahnen; und als *Gutsherr* seiner Domänen das Beyspiel zu geben. „

»Die Bevölkerung,» sagt er weiter,
»mufs mit dem Landvolke anfangen,
welches drey Viertel der Dänischen Nation ausmacht. Der Landmann hat einen vorzüglichen Hang, Kinder zu erzeugen, die ihm das Land bauen helfen. Kolonien gedeihen selten, und Fabriken werden nur den Pflug entblöfsen, auch nicht leicht eher aufkommen, bis das Land ihnen seine überflüfsigen Hände anbietet. Die Frohnen sind schädlich und richten den *Bauer* zu Grunde, ohne dem *Herrn* viel zu helfen. Der Verlust der Zeit ist allemal *beträchtlich* bey den Frohndiensten, und ist *entsetzlich*, da wo die Frohndienste übertrieben und willkührlich auferlegt werden. Ganze Tage werden für nichts geachtet, und der Bauer

wird *angewöhnet*, sie für nichts zu achten. Er wird zu vielen Dingen gebrauchet, welche die Landwirthschaft nicht angehn. Hundert Dinge geschehen zur ungelegenen Zeit, und der Bauer, der immer zu Gebote stehen muſs, wird oft von der Arbeit an seinem eignen Felde in den Tagen, worauf ihm alles ankommt, abgezogen. Auch wird durch die Frohndienste niemals ausgerichtet was in der gleichen Zeit von den nämlichen Händen ausgerichtet wird, wenn sie vom Triebe der Freyheit und eignem Nutzen beseelet sind. Die jetzige Landwirthschaft ist selbst der Bevölkerung *entgegen*, indem sie zum Grundsatze hat, so viel Land als möglich mit den wenigsten Händen zu bezwingen. Die Koppelwirthschaft allein macht das halbe Land zur Wüsteney. »

Sodann eifert er wiederholt dawider, dafs der Staat seine Sicherheit und Vertheidigung blofs auf ein, immer unterm Gewehre und in unaufhörlichem Solde stehendes Kriegsheer ankommen lasse, welches doch im Falle der Noth meist unzulänglich und, wenigstens in Absicht auf den Gemeinen, unzuverläfsig sey. »Warum soll er nicht vielmehr die Bürger des Staats bewaffnen, die sich zu Friedenszeiten selbst nähren und nur während des Krieges dem Staate zur Last fallen? Warum nicht an eine Einrichtung denken, wodurch sie zur Vertheidigung ihres Vaterlandes eben so tüchtig werden, als sie in Absicht ihres Willens und ihrer Treue zuverläfsig sind?«

Endlich entwickelt er näher seinen

Vorschlag zu Mehrung des Wohlstandes. Der Grundherr soll, so räth er, ein Mäfsiges an Land und Wald beybehalten, das übrige ausgemessen und bestimmt, gegen einen Grundzins an freywillige Anbauer abtreten und in mäfsige Güter vertheilen, deren jedes ein Hausgesinde zu bestreiten vermöge. An (freywillig) sich anmeldende Bürger, Bediente und andere, würde der Herr des Gutes diese Stücke zu überlassen Gelegenheit finden, wobey, da er keinen Kaufschilling empfange, er für den Kaufpreis die völlige Sicherheit haben müsse. Der Fürst könnte wegen der Landsteuer den Herrn des Guts entlassen und sich an den neuen Bauer halten. Er selbst sollte auf seinen Kammergütern das Beyspiel geben, das Willkührkührliche der Frohndienste aber, wie er befugt sey, verbieten, und die Frohnen bestimmen. Die Abgaben müfsten in den Früchten des Landes und nicht in Gelde geleistet werden, da sie sonst in etlichen hundert Jahren von keinem Belange mehr seyn würden.

Dies ist die Skizze einer Abhandlung, die bey dem hellen, festen Blick auf das Ganze zugleich ungewöhnliche Mäfsigung und Bescheidenheit ihres Verfassers verräth.

Sie war ursprünglich nicht zum Drucke bestimmt, sondern *Oeders*, auf *Moltkens* anfängliche Äufserung gegründete Erwartung war, dafs er die (von dem nachherigen Abdrucke freylich verschiedene) Handschrift dem Könige selbst überreichen sollte. Aber das Bedenken

E

war wohl nicht allerdings so ausgefallen, als *Moltke* es gewünscht hatte. Der Minister zog sich zurück, und *Oedern* ward für seine Bemühung ein Geschenk von hundert Dukaten angeboten. Er fühlte aber, man wolle ihn damit zum Schweigen bringen und so die Sache unterdrücken. Dies bewog ihn, nicht nur das Geschenk edelmüthig auszuschlagen, sondern auch die Schrift nunmehr öffentlich erscheinen zu lassen. Im Jahre 1769 liefs er sie, jedoch anonym, drucken, und widmete sie geradezu dem Könige.

_ Deutschland, dem jene Ideen schon geläufig waren, Deutschland nahm die Schrift mit verdientem Beyfall auf. *)

---

*) S. A. D. B. XIV. I. S. 27. Gött. Anz. von

In Dännemark machte sie grofses Auf-
sehn und ward in die Dänische Sprache
übersetzt. Die grofsen Gutsbesitzer waren höchst unzufrieden. Sie meinten,
ein wichtiges Interesse dabey zu haben,
dafs die Leibeigenschaft nicht aufgehoben werde. Ihre Bauern sind' gleichsam
ihre Domestiken und gehören nicht zum
Staate als durch sie. Die Aufhebung
der Leibeigenschaft würde, glaubten sie,
dies Band lösen, alle Botmäfsigkeit über
die Bauern würde unmittelbar an die
Regierung übergehen, folglich das land-
schaftliche System, und damit auch ihr
Übergewicht in Regierungssachen die
stärkste Stütze verlieren. Nun wurde

1770. S. 558. (die Recension ist von Haller)
N. Hamb. Zeit. von 1769. St. 124.

E 2

die Leibeigenschaft als das gröfste Kleinod des Adels gepriesen, und wiederhohlt, dafs die Aufhebung derselben nichts anders zur Absicht habe, als den Adel und die landschaftlichen Verfassungen zu unterdrücken.

Öffentlich führte man noch eine andere Sprache. Man hätte gern die Untersuchung des Verhältnisses zwischen Gutsherrn und Bauern zu einem Verbrechen gegen die Souverainität gemacht. »Der Verfasser des Bedenkens,« hiefs es, »will den Bauern eine Unabhängigkeit einräumen, die in den allerfreyesten Staaten nicht erdacht werden kann. Es fehlt nur, dafs die, seinem Entwurfe zufolge nichts mehr bedeutenden Benennungen von Grafschaften, Baronien und Edelhöfen aufhören sollten, so wäre man völlig republikanisch. «

Diefs veranlafste *Oedern*, im Jahre
1770 *Zusätze zu dem Bedenken* zu schreiben, die auch 1771 gedruckt erschienen,
mit dem schönen Epigraph aus dem
Plinius : *Verum fatentibus latifundia
perdidere Italiam, jam vero et provin-
cias.* *)
Diese Zusätze hielt *Oeder,* wie er
mehrmalen geäufsert hat, für sein bestes
Werk. Und wirklich enthält diefs Büch-
lein, aufser mancher näheren Bestimmung vorher geäufserter Sätze, die nähere Anwendung derselben auf Dännemark, und die Widerlegung einiger ihm
gemachten Einwürfe. »Es ist unbillig,»

---

*) Plin. hist. nat. XVIII. 6. »Die Wahrheit zu
gestehen, so waren die grofsen Landgüter
Italiens Verderben, und schon geht es den
Provinzen nicht besser.»

sagt er, »wenn man die schlechte Wirthschaft, die Faulheit, den Eigensinn und
die Widersetzlichkeit der Bauern als einen Grund für die Beybehaltung der
Leibeigenschaft anführt. Es ist unbillig,
wenn man unterdrückten Menschen eben
die *Folgen* der Unterdrückung zur Last
legt.« Er wandte unter andern seinen
Blick auf die übrigen Europäischen Staaten und zeigte, dafs Grofsbritannien am
besten zum Beyspiel für Dännemark und
die Herzogthümer diene, wegen der ähnlichen Lage in und an der See, wegen
der ähnlichen Beschaffenheit des Bodens
bey einem geringen Unterschiede im
Clima, und wegen der ähnlichen Basis
der Staatswirthschaft, die in beyden Reichen in Ackerbau und Viehzucht besteht. »Nun ist England ohne frohnen-

de Bauern und ohne Haupthöfe in einem blühenden Zustande. Es hat einen angesehenen und reichen Adel, der
mit Glanz und Vergnügen aus seinen
Gütern lebt. Alles das ist einem jeden
unter uns bekannt, und doch heifst es
unaufhörlich: was soll aus dem Adel
werden, wenn die Haupthöfe eingehen?»
u. s. w. *)

Doch genug von diesem Gegenstande. Ich gehe zu einem andern Auftra-
ge über, welchen *Oeder* zu Anfang des
Jahres 1770 erhielt. Es war am 15.

---

*) S. N. Hamb. Z. von 1771. St. 165. 166. 167.
168. Die Critik enthält treffliche Bemerkungen und mufs von einem sehr kündigen
Manne herrühren. (Ich hatte diefs geschrieben, als mir der Leibmedicus Hensler als
Verfasser bekannt ward.)

Aug. 1769 eine allgemeine Zählung der
Einwohner der Königlichen Staaten in
Europa angestellet worden. Die darüber eingekommenen Listen wurden
Oedern nach Königlichem Befehle von
der Rentekammer am 18. Apr. 1770
mitgetheilet, um Resultate aus diesen
Listen auszuziehen, Betrachtungen darüber anzustellen und einen Plan zu etwa
in der Zukunft anzustellenden neuen
Zählungen vorzulegen. Diese Bearbei-
tung der Listen war so mühsam, und
Oeder wurde bald darauf in so viele
andre Geschäfte verwickelt, dafs er die
Resultate erst im Jahre 1772 der Rentekammer vorlegen konnte. Da dieser
für die Dänische Statistik und die politische Arithmetik gleich wichtige Aufsatz jetzt in *Heinzens* Sammlung zur

Geschichte und Staatswissenschaft *) abgedruckt ist, so kann das Publikum auch
hier den Rechnungsgeist und den er-
staunlichen Fleifs . des Mannes bewun-
dern. Einige der gröfsern Resultate
sind folgende:

Die Bevölkerung der Dänischen Staaten ist höchstens von 2,100,000. Dännemark, so weit es aus Inseln besteht,
ist besser bewohnt, als Schleswig, Schleswig besser als Holstein, Oldenburg
besser als alle genannte Lande. Die
Bevölkerung im Königreiche Dännemark
und den Deutschen Staaten zusammen-
genommen ist im Durchschnitte 1305
auf die Quadratmeile u. s. w. Unter
mehrern freymüthigen Bemerkungen,

---

*) Göttingen 1789. 1 B. S. 3. u. f.

trift auch sein patriotischer Eifer die Zahlenlotterien: »Alle Gründe der Politik sowohl als der Moral,« sagt er, »vereinigen sich zur Schande des menschlichen Verstandes gegen diese schädliche Erfindung. Das ganze Zahlenlotto ist an sich ein *jeu de dupe*, wo zwischen dem grofsen Risico der Spielenden und der für sie so geringen Wahrscheinlichkeit des Gewinnes gar kein Verhältnifs ist, und es stiftet das grofse ausgebreitete Übel, dafs der zahlreiche gemeine Mann vom rechtmäfsigen Wege und Mittel des Erwerbes, dem Fleifse und der Sparsamkeit abgezogen, dagegen mit dem Schwindelgeiste, im Müssiggange ohne Arbeit glücklich werden zu wollen, erfüllet, und zum unredlichen Betragen verleitet wird.«

Bey dieser Gelegenheit fiel er auch auf die, nachher im Museum *) beschriebene, schwerlich zuverlässige Methode, den geographischen Inhalt, oder das Areal eines Landes durch Ausschneidung und Abwägung der Landchartenstücke zu bestimmen.

Noch im Laufe des Jahres 1770 ward *Oeder* durch Aufhebung der botanischen Anstalt der Kräuterkunde völlig entrissen. Die Eifersucht der Universität gegen jenes Institut siegte. Schon Friedrich V wollte in seinen letzten Jahren das Institut der Universität übertragen, mit einem jährlichen Zuschusse von 3000 Thalern aus seiner particulären Casse. Aber der eingewurzelte Groll war

---

*) Jahrgang 1777. S. 205.

stark genug, um dies Königliche Geschenk auszuschlagen. Man arbeitete dagegen an Errichtung eines neuen Gartens bey der Universität selbst, obgleich es ihr an Platz sowohl, als an eigenthümlichen Kräften zur Ausführung fehlte. Gerade im Jahre 1770 ging man so weit, bey dem Könige um Unterstüzzung des neuen Universitäts-Instituts anzusuchen. Das Oedersche Institut war indefs so weit fortgerückt, dafs der kleinere der zwey, durch eine Landstrafse getrennten Gärten völlig eingerichtet und besetzt, der gröfsere und dem Zollhause nähere, welcher mit schweren Kosten aufgefüllet werden müssen, so weit gebracht war, dafs er nun auch zu Besetzung mit Pflanzen bereitet werden konnte und sollte.

Nun wollte man gerade damals einen Entrepot - Handel in Copenhagen
anlegen; dazu sollten Lagerhäuser in
der Nähe des Zollhauses gebauet werden, und hiezu ward der gröfsere botanische Garten als ein unentbehrlicher
Platz verlanget. Die Universität, hiefs
es, will doch durchaus einen neuen
Garten haben; das wiederhohlte Aner-
bieten der Vereinigung des Instituts wie
es nun ist, verwirft sie; man lasse ihr
also ihren Willen, gebe ihr den kleinern völlig eingerichteten Garten, etwas
mäfsiges (es wurden 3oo Thaler) jährlich zu Hülfe, und sie ist befriediget;
die Particuliercasse hat dabey eine Ausgabe und der Handel Platz zum Lager-
hause gewonnen.

Oeder klagte zwar, dafs man eine

Anstalt, die er gewissermafsen sein nennen konnte, fallen lassen, und ihn unter den Ruinen des einfallenden Gebäudes begraben wollte. Man antwortete ihm, er solle zu andern Dingen gebraucht werden.

Durch eine Königliche Resolution vom 9 Jun. 1770 ward die botanische Anstalt aufgehoben, und in Ansehung *Oeders* angefüget:

Dafs er, der dem bisherigen Instituto botanico mit Ruhm und zur Satisfaction Sr. Majestät vorgestanden, und den Se. Majestät zu andern Absichten bestimmt hätten, als ein in Königlichen Diensten beharrender und vorerst mit der Flora Danica beschäftigter Bedienter, seine bisherigen Appointements behalten sollte.

Der nachmalige Graf *Struensee* hatte zu dieser Zeit schon grofses Ansehen gewonnen, und das damalige Ministerium war seinem Falle nahe. In Traventhal, wohin der Hof im Junius reisete, ward dieser Fall völlig beschlossen. Immittelst erhielt *Oeder* von dem alten wankenden Ministerium, namentlich aus dem Öconomie-und Commerzcollegium, den Auftrag, bey den, mit Inoculation der Hornviehseuche anzustellenden Versuchen die Aufsicht zu führen.

Der Ort, den man zu diesen Versuchen gewählt hatte, war die kleine Insel Aunöe an der südlichen Küste von Seeland, zwölf Meilen von Copenhagen. Am 1 August 1770 ging *Oeder* dahin ab. Nachdem er die ganze Fläche

der Insel in Augenschein genommen
und einen Rifs davon aufnehmen lassen, theilte er sie in gewisse Quartiere,
die er durch Gehäge und Gräben von
einander trennte. In dem einen blieb
das gesunde Vieh bis zur Einimpfung;
in dem zweyten stand das eben geimpf-
te bis zur Erkrankung, imgleichen das
in der vollen Genesung begriffene; das
dritte war für das kranke Vieh, das in
zwanzig bretternen Hütten stand, deren
jede zwey Stück Vieh fafste.

Die Inoculation geschah nach Cam-
perscher Methode, und die nähere Beschreibung des ganzen Verfahrens ist
in des Königlichen Hofmedicus *Rode*
Geschichte der Einimpfung, *) und in

Oeders

---

*) Copenh. 1775.

Oeders Beschreibung, die er davon im Museum *) gab, zu lesen.

Der erste Versuch, welcher in der besten Jahreszeit geschah, war glücklich, indem von zwölf Stücken Vieh, zehen genasen. Aber desto unglücklicher waren die sieben folgenden, besonders diejenigen, welche in dem Spätejahre angestellet wurden. Einmal behielt man von sechs Stücken zwey, einmal von sieben ein einziges, einmal von acht Stücken gar keines. *Oeder* schob die Schuld gröfstentheils auf die späte Jahrszeit, und rieth, für so unzuverlässig er auch das Impfen erkannte, dennoch aus guten Gründen die Fortsezzung der Versuche. Wirklich ist man

---

*) 1. B. S. 409. und 505. u. f.

F

in den Jahren 1771 und 1772 mit den Versuchen fortgefahren, und nach *Rodéns* Nachricht in dem Jahre 1772 von 160 Geimpften nur ein einziges Stück gefallen.

Unterdessen *Oeder* in Aunöe war, wurde in Copenhagen die in Traventhal beschlossene grofse Ministerial-Veränderung zur Ausführung gebracht.

Oeders Scharfsinn, seine Geschäftsfähigkeit, sein unermüdeter Fleifs, sein unverkennbarer Eifer für das gemeine Beste, sein Gradsinn, seine Entfernung von aller Intrigue, das waren die Eigenschaften, die ihn dem alten Ministerium empfohlen hatten.

Es macht dem *neuen* Ministerium Ehre, dafs es diese seltenen Verdienste erkannte. *Oeder* war schon, ihm un-

bewufst, in Traventhal auf die Liste der
Personen gesetzt, welche vorzüglich gebraucht werden müfsten.

Er hatte in einem Memorial an den
König vorgestellet, dafs wenn es ja im
43 Jahre des Lebens überall noch früh
genug wäre, sich in eine neue Laufbahn einzulassen, es doch die höchste
Zeit sey, und er daher die Absicht, zu
welchen Geschäften er bestimmt wäre,
zu wissen wünsche.

Bernstorf richtete seinen Vortrag auf
die Mitgliedschaft beym General - Landwesens - Collegium ein, und bewirkte eine Königliche Resolution, dafs er in
selbigem als Committirter vorgestellet
werden sollte. *Bernstorf* selbst, auch
Moltke und der Conferenzrath *Schuma-*
cher, als Geheimer Kabinetssekretair,

gaben ihm Nachricht davon, und *Oeder* erwartete zu Aunöe den weitern Erfolg. Im October kam er auf kurze Zeit nach Copenhagen, eben an dem Tage da *Bernstorf* diese Stadt verliefs. Von ihm und *Schumacher* hörte er dann, dafs jene, seine Einführung in das General - Landwesens - Collegium betreffende Resolution dem Könige schon in Traventhal zweymal zur Unterschrift vorgeleget, vom Könige aber diese Unterschrift mit den Worten verweigert sey, es habe damit Zeit bis man nach Dännemark zurückkomme.

Mit diesem sehr dunkeln Troste ging *Oeder* zu den Kühen nach dem Dorfe zurück, wo er bis zum 12. November sein Geschäft fortsetzte, mifsmüthig und wegen seines Schicksals besorgt. Denn

mit *Struensee* hatte er keine Bekanntschaft. Das alte Ministerium war gefallen, und niemand übrig geblieben,
als *Schumacher*.

Zu ihm war also sein erster Gang,
als er am 12ten November nach Copenhagen zurückkam. Beym Eintritt in
Schumachers Zimmer begegnete ihm
dessen Bedienter mit einem Packen, den
er für *Oedern* auf die Post bringen
wollte. Er enthielt Arbeit aus dem Kabinette.

Der König hatte durch ein Circular
vom 16ten October 1770 eine beträcht-
liche Anzahl Negocianten in allen seinen Staaten, die ihm waren angerüh-
met worden, aufgefordert, ihre Gedanken vom Handel und Wandel zu er-
öffnen.

Die von diesen Männern damals bereits eingegangenen Memoires, denen nachher mehrere folgten, schickte *Schumacher* auf Königlichen Befehl *Oedern* mit dem Bedeuten zu, dafs er nicht nur Auszüge daraus machen, sondern auch diese Auszüge mit eignen Anmerkungen begleiten sollte.

Dieser Auftrag gab *Oedern* dann Anlafs und Beruf, sich beynahe über alle Theile der Staatsadministration zu äussern. »Dieser meiner Schriften,« sagt *Oeder* in einem nachgelassenen Manuscripte, »dieser meiner Schriften, welche die Inquisitionscommission unter beyder Struenseen Papieren nebst mehrern von meiner Feder ohne Zweifel gefunden und untersucht hat, schäme ich mich gar nicht; und wenn sie *Struenseen* An-

laſs gegeben haben, mich hervor zu
ziehen, so haben sie ihm auch *nützen*
können, und zugleich dem *Staate*, in
sofern jeder Unterricht für einen Mann,
der die Macht in die Hände bekommt,
auch für den Staat nützlich wird.»

Am 19ten Nov. 1770 ward *Oeder*
in die, statt des General - Landwesens-
Collegium errichtete General - Landwesens - *Commission* gesetzt, in welcher er
bis zum Eintritt in's Finanzcollegium
blieb. »Ich habe das Vergnügen genossen,» schreibt er, »mit noch fünf
Collegen, und darunter dem mehrbe-
meldeten *Schumacher*, in vollkommner
Eintracht zu arbeiten. Daſs ich darin
nicht müssig gewesen bin, ist so gut bekannt, daſs vielmehr das Publikum mir
einen gröſsern Antheil an den Geschäf-

ten zuschreibt, als ich mir mit Recht und ohne Beeinträchtigung meiner würdigen Collegen anmaſsen kann. Die von Sr. Majestät genehmigte Instruction dieser Commission ist aus meiner Feder, und an der Verordnung vom 20. Febr. 1771 zu Bestimmung der Frohndienste in Dännemark, einer Verordnung, die nur denen anstöfsig ist, welche von keinen Gränzen ihrer Usurpation wissen wollen, nehme ich gern mein bescheiden Theil zur Verantwortung auf mich.»

Die Arbeiten in der General - Landwesens - Commission und die Anmerkungen über die Memoires der Kaufmannschaft brachten *Oedern* nun zur nähern Verbindung mit *Struensee*, durch dessen Hände damals schon alle Geschäfte

zu gehen anfingen. Bis dahin war seine Bekanntschaft mit ihm nur allgemein, und erstreckte sich nicht über die
gemeinen Gränzen der Höflichkeit und
Lebensart. Ja, *Oeder* war im Gegen-
theil schüchtern gegen einen Mann,
welcher das Ministerium, dessen Klient
er gewesen war, gestürzt hatte. *Schumacher* flöfste ihm grösseres Vertrauen
zu ihm ein.

Immer stand *Oeder* noch als Professor der Botanik auf dem vormaligen
Fufse. Die Mitglieder der Landwesens-
Commission genossen keine Besoldung.
Oeder wünschte die endliche Bestimmung seines Etablissements, und wandte sich mündlich an *Struensee*. Dieser
fand seinen Wunsch gerecht. »Ein
Arbeiter ist seines Lohnes werth,». sag-

te er, und durch eine Kabinetsordre vom 5. Jan. 1771 ward *Oeder* zum Finanzrath ernannt, sein Beruf aber dahin bestimmt, dafs er zwar die *Flora Danica* fortsetzen, sonst aber aus der Staatswirthschaft sein Hauptgeschäft machen und zu dahin einschlagenden Aufträgen sich gebrauchen lassen sollte. Sein Gehalt ward auf 1200 Rthlr. gesetzt, aufser dem Gehalt eines zugegebenen Sekretairs.

In dieser Verbindung mit dem Kabinet, dessen Siegel *Struensee* bald darauf in die Hände nahm, stand *Oeder* bis zu Ende Mays solchen Jahres.

Viel arbeitete er in dieser Zeit mit *Struensee*. Über vieles sagte er auf dessen Aufforderung seine Meinung. Nicht selten widersprach er ihm; nicht selten rieth er ihm von übereilten und gewaltsamen Schritten ab, und *Struensee* war nachgiebiger gegen ihn, als gegen manchen andern, dem zu trauen er weniger Ursache hatte. »Dem Manne,« sagt *Oeder* in einem Manuscripte, »dem Manne, welchen der König mir, wie so vielen andern, vorgesetzet hatte, guten Rath nach meinen besten Einsichten zu geben, war meine Pflicht gegen den *König.* Diesem Manne, der mir nichts böses, sondern gutes that, dieses gute nicht mit bösem zu vergelten, sondern ihn, so viel an mir lag, vor Bösem zu bewahren, war meine Pflicht gegen *ihn.* Und überhaupt, es mögen dann diejenigen, welche nicht vertragen können, daſs in den Augen billiger Sittenrichter ein Mensch deswegen nicht *durchaus* böse ist, weil er *in einigen Stücken* fehlte, (so wenig als ein anderer, der einige gute Seiten hat, deswegen als vollkommen gut gelten kann) es mögen dann, sag' ich, solche Sittenrichter urtheilen was sie wollen, so kann ich doch nicht anders zeugen, als dafs *Struensee's* Betragen gegen mich immer so gewesen ist, dafs ich mich seiner Bekanntschaft nicht schämen darf. Er hat mich allerdings hervorgezogen, ohne mir jedoch jemals etwas anzumuthen, was mit meiner, oder eines jeden ehrlichen Mannes Pflicht streitig gewesen wäre. Ich habe deswegen alle Ursache zu glauben, er habe in Ansehung meiner auf nichts gesehen, als auf seine Überzeugung von meiner Brauchbarkeit. Ich kann daher nicht anders,

als den unglücklichen Mann beklagen,
daſs er auf die lasterhafte Bahn gerathen ist, die ihn zum Verderben ge-
führet hat.

Von Anfang an war *Oeders* Vor-
satz, die Bekanntschaft mit *Struensee*
nie über die Schranken der Geschäfte,
nie zur Vertraulichkeit gehen zu lassen.
Diesem Vorsatze blieb er getreu.
Einer der wichtigsten unter seinen
Aufträgen war der, den Plan zu einer
allgemeinen Wittwenkasse auszuarbeiten.

»Habe ich sonst,« sagt er von sich,
»kein Verdienst um den König und den
Staat, so habe ich an dem, was ich hierin geleistet habe, ein unwidersprech-
lich beträchtliches Verdienst. Ich bin
unläugbar der erste, der ein Licht in
dieser Sache in Dännemark, wo doch vie-

lerley Wittwenkassen angefangen worden sind, angestecket hat. Ich habe
die Fehler der im Jahre 1739 errichteten Wittwenkasse des Militäretats aufge-
deckt, wider den Dank des Generali-
täts- und Commissariatscollegium, welchem es an aller Einsicht in dieser
Sache, wenigstens im Jahr 1771, gänzlich fehlte, und ich habe gezeigt, dafs
dem Könige, welchen man zum Garant des schlechten Instituts gemacht,
mit den bereits übernommenen Verbin-
dungen ein Verlust von eilf Tonnen
Goldes bevorstehe, und die Fortsetzung
der Anstalt auf solchem Fufse dem Könige ein gränzenloses Risico zuziehen
würde. Ich habe den Plan zu einer
bessern Wittwenkasse nach einem ver-
besserten Calenbergischen Fufse ausge-

arbeitet; und da ich mir vorgenommen hatte, die Sache recht aus dem Grunde zu erörtern, so habe ich bey vielen andern Geschäften bis zur Erschöpfung meiner Leibes- und Seelenkräfte gearbeitet, — und noch den Dank zu erwarten. *)

Am 29 May 1771 ward das Finanzcollegium errichtet.

»Ich kann,» schreibt *Oeder*, »bey Gott betheuern, daſs ungeachtet ich noch am Vormittage dieses Tages, da die Kabinetsordre zu Errichtung dieses Collegii ausgefertigt war, mit *Struensee* gesprochen hatte, ich doch vor wirklicher Auflesung solcher Ordre bey dem

---

*) In diese Zeit gehört die Druckschrift: *Raisonnement über Wittwenkassen*, zu welcher er auch *Zusätze* schrieb.

Grafen von *Holsten* nicht wußte, daß
das Collegium wirklich errichtet werden würde, nicht, daß ich ein Mitglied
desselben seyn sollte, nicht, wer die
übrigen Mitglieder, nicht, was das Gehalt, was das Ansehen derselben seyn
würden. Dabey ist doch zugleich auch
wahr, daß die Idee dieses Collegii, die
Trennung der Finanz - und Commerzgeschäfte, die Vertheilung der alten Cammer in drey Cammern und die Beybehaltung ihres Zusammenhangs unter sich
und mit dem Finanzcollegio mittelst
der, einer jeden Cammer vorgesetzten
Deputirten von mir herrühret; nicht
aber die Verbindung der Aufsicht über
den Nahrungsstand (das ist: der Geschäfte eines Öconomie Collegium) mit
der Verwaltung der Einkünfte des
Staats,

Staats, nicht die Verlegung der vielen Polizeygeschäfte von den Kanzelleyen an das Finanzcollegium, wodurch dies Collegium zu meinem grofsen Leidwesen mit Geschäften über die Gebühr überhäuft wurde. Indem ich *Struenseen* diese meine Gedanken sagte, setzte ich voraus, dafs ich in der Connexion mit dem Kabinette bleiben und mit den Finanzen in keine weitere Verbindung kommen würde, als eben überhaupt nöthig wäre, um die Kenntnisse und Data, die ich zu meinen Arbeiten für's Kabinet brauchen möchte, aus der Quelle nehmen zu können.»

»Der König» fährt *Oeder* fort, » hatte den drey Deputirten des Finanzcollegii, die er jeden zum Vorsitzer einer der drey neuen Cammern ernannt

G

hatte, überlassen und anbefohlen, alle und jede Personen, womit eines jeden Cammer besetzt werden sollte, selbst vorzuschlagen. Ich erschrak über diesen, meinen Händen anvertrauten Antheil der Macht, und fing die Verwaltung meines Amts mit einer schlaflosen Nacht an, auf welche viele dergleichen Nächte mehr, und überhaupt mit gar wenigen frohen Stunden gar viele kummervolle Stunden gefolget sind; wobey ich jedoch nicht unerinnert lassen kann, daſs ich nur die im Finanzcollegio und in Finanzgeschäften, nicht die in der Norwegischen Cammer zugebrachten Stunden meine. Denn in der Cammer habe ich, so wie vorhin in der General-Landwesens-Commission, die ich beym Eintritt in's Finanzcollegium verlassen mufste, mit vielem Vergnügen gearbeitet. Es ist mir Gottlob geglückt, diese Cammer mit würdigen Männern, ohne jemand zu unterdrücken, so zu besetzen, in selbiger mit diesen meinen werthen Gehülfen in exemplarischer Eintracht so zu arbeiten, dafs ich bey meinem Austritte die Satisfaction habe mit mir nehmen können, ein wohleingerichtetes, bey der Norwegischen Nation beliebtes *), und auch bey dem Copenhagner Publikum in guter Existimation stehendes Collegium zu verlassen, und selbst auch für mich die Existimation mir erworben zu haben, dafs ich diesem wich-

---

*) Die durch *Oedern* vorerst auf 9 Jahre bewirkte Freyheit des Getreidehandels für die Einwohner des südlichen Theils von Norwegen, hatte ihn vorzüglich empfohlen.

G 2

tigen Departement untadelhaft und mit Anstand vorgestanden habe.»

Der 17te Januar 1772 war der merkwürdige Tag, welcher *Struenseen* und so vielen seiner Anhänger Verderben brachte.

Oeder, der nichts davon wußte, daß *Struensee* die Nacht vorher in Verhaft genommen war, kam noch am Morgen des Tages mit Vorträgen in dessen Wohnung, und erfuhr dort erst von der Wache mit Schrecken den Vorgang. Aber das Bewußtseyn, daß er nicht *Struenseen,* sondern dem Staate gedient hatte, beruhigte ihn bald. Wirklich blieb *Oeder* der unbescholtene Mann, für dessen Patriotismus und Treue die Stimme des Publikums bürgte, anfangs an seinem Platze.

Es ward eine Commission zu Untersuchung der mit dem Departement des
Civil-Etats seit dem 15 Sept. 1770 vor-
gefallenen Veränderungen angesetzet.
Oeder erklärte hier freymüthig und un-
aufgefordert, dafs die Verfassung des
Finanzcollegiums gröfstentheils von ihm
herrühre, und führte die Gründe aus,
die ihn dazu bewogen hätten. *)

»Man mag meinen Plan *verwerfen*, «
schreibt er, »aber keiner mufs mir ihn
verachten. Denn alsdann werde ich, er
mag ein noch so alter Cameralist seyn,
und mir von Weisheit, wozu man nur
durch Routine soll gelangen können,
vorsprechen, ich werde sagen: *Anche io*

---

*) Die der Commission eingereichten Memoires
stehen abgedruckt in Heinzens Sammlung zur
Geschichte etc. 1r. S. 5. u. s. w.

sono. pittore; und ich getraue mir, meinen Plan vor Meister und Gesellen zu verantworten. Ich mufs insbesondere die Anmerkung machen, dafs in langer Zeit kein Schritt geschehen, der mehr der Norwegischen Nation gefallen, als die Errichtung einer besondern Cammer zu Behandlung der Cammergeschäfte dieses Reichs (die natürlicherweise von den Cammergeschäften der übrigen Königlichen Staaten eben so verschieden sind, als die ganze Öconomie dieses Reichs verschieden ist) und die Besezzung dieser Cammer vorzüglich mit Normännern. Oft und lange genug haben die Normänner geklagt, man behandle Norwegen, ein durch freywillige Association mit Dännemark verbundenes Reich, auf dem Fufse einer Provinz.

Selten sind Normänner in der Cammer
gebraucht worden, und nicht immer
mit der besten Wahl.»

Aber seine Gründe galten jetzt nicht.
Das Finanzcollegium sollte wieder auf
den alten Fuſs gesetzt werden; und
Oeder konnte also nicht bleiben.

Er verlieſs das Collegium, noch ehe
die Reformationscommission ihre Untersuchung geendigt hatte, am 11 Jul. 1772.
Anfangs ernannte man ihn zu dem eh-
renvollen Posten eines Stiftsamtmanns
von Bergen, mit 1500 Thalern Gehalt.
Er hatte aber subjective Gründe, warum er diesen Posten auszuschlagen sich
bewogen fand. Durch die Königliche
Bestallung vom 13 Jul. 1772 ward er
hierauf zum Stiftsamtmann von Drontheim mit gleichem Gehalt, auch 500

Thalern zur Reise und zum Etablisse-
ment ernannt.

Oeder war mit dieser seiner Bestimmung völlig zufrieden, wiewohl er nicht
begriff, wie man bey dem wichtigen
Vorhaben der Errichtung einer Wittwenkasse ihn überall entfernen konnte.
Er bat und erhielt nur noch die Er-
laubnifs zu einer vorherigen Reise nach
Deutschland.

Zu dieser Reise bewog ihn die
Kränklichkeit seiner Frau, des Etatsraths Ericius zu Schleswig Tochter, welche er im Jahre 1755 geheirathet hatte.

Als er im October 1772 von seiner
Reise nach dem Rehburger Bade über
die Elbe wieder zurückkam, las er in
einem Altonaer Zeitungsblatte, dafs statt

seiner ein andrer zum Stiftsamtmann
in Drontheim ernannt sey. Man denke
sich die Betürzung des redlichen Mannes, dessen Abwesenheit seine Widersacher, ihn zu stürzen, genutzet hatten.

Eben diese seine Feinde fürchteten
aber auch seine Wiederkunft nach Copenhagen, und wirkten daher eine In-
timation an ihn aus, dafs er bis zu an-
derweiter Bestellung, in Schleswig oder
Hollstein verweilen könne.

Oeder aber, der, im Vertrauen auf
seine gerechte Sache, jedem Menschen
frey unter die Augen treten durfte, liefs
sich nicht abschrecken. Er eilte grade
nach Copenhagen und beschwerte sich
in einer persönlichen Audienz bei der
verwittweten Königinn Juliane Marie über

das unwürdige Verfahren, dafs man ihn in seiner Abwesenheit ohne allen Grund seines Dienstes beraubt, und vor der Welt beschimpfet habe. Man entschuldigte sich damit, dafs die Umstände eine Veränderung mit der Stiftsamtmannschaft zu Drontheim nothwendig gemacht hätten, indem die angeblichen kriegerischen Bewegungen in Schweden die Ansetzung einer Militärperson an diesem Gränzorte nöthig mache.

Immittelst hatte sich *Oeder* auch in der Verwirrung, worin er war, durch seinen Bruder, den Cammerrath und Hofrath zu Braunschweig, an den Herzog Ferdinand, den Bruder der verwittweten Königinn gewandt, und dessen Fürsprache erbeten. Um das ihm wiederfahrne Unrecht einleuchtend zu machen, legte er in einem P. M. *) die ganze Folge der Umstände, welche ihn von der Botanik zu Staatsgeschäften geführt hatten, dem Herzog vor Augen. Der Herzog sandte dies P. M. nach Copenhagen, und eine so gültige Fürsprache hatte ihre Wirkung zu Gunsten des Gekränkten. Sie hatte aber auch ihre gegentheilige Wirkung bey denen, welchen der Weg, den *Oeder* gefunden hatte, seine Sache an die Quelle zu bringen, eben so zuwider, als unerwartet war. Er konnte freylich nun nicht so schlechtweg niedergetreten werden; aber seine Widersacher glaubten nun, um so mehr an seiner Entfernung arbeiten zu müssen.

---

*) Aus diesem unter Oeders Papieren gefundenen P. M. ist manches gezogen.

Anfänglich erhielt er die Resolution,
dafs er eine, der Drontheimschen Stifts-
amtmannsstelle gleichkommende Amtmannsstelle in Holstein zu erwarten habe; und mit dieser Versicherung verliefs *Oeder* im Juny 1773 Copenhagen.
Allein diese Entfernung von der Haupt-
stadt war seinen Feinden nicht genug.
Ein Mann, betriebsam wie *Oeder*, der
so kühn seine Stirn zu erheben wagte,
war ihnen, wo er auch im Reiche seyn
möchte, gefährlich. Was konnte ihnen
erwünschter kommen, als die nahe be-
vorstehende Vertauschung der Grafschaften Oldenburg und Delmenhorst?
Oeder ward zu Ende des Jahres 1773
zum Landvoigt in Oldenburg ernannt.
Diese Landvogtsstelle wäre, so hiefs es,
der zugesagten Holsteinischen Amtmanns-

stelle gleich zu achten. So wahr dies
in Ansehung der Einnahme seyn mag,
da die Landvogtsstelle zu Oldenburg
jährlich ungefähr 2000 Thaler eintrug, so
wenig lassen sich doch in Ansehung der
Geschäfte beyde Stellen gleich achten.
Das jetzige Herzogthum hat vier
Landgerichte, worin die Civilsachen der
pflichtigen Eingesessenen in erster In-
stanz entschieden, und die peinlichen
Sachen bis zum Spruche eingeleitet werden. Jedes derselben ist jetzt aus einem Landvogte und einem, oder meh-
reren Assessoren und Sekretären zusam-
mengesetzt. Das zu Oldenburg sitzen-
de Landgericht war das einzige, was
damals keinen Assessorem hatte. Der
Landvogt in Oldenburg war also alleiniger Richter, der in acht, seiner Ge-

richtsbarkeit unterworfenen Vogteyen Recht sprechen sollte.

Oeder, der von allem diesem nicht unterrichtet war, schrieb nun nach Oldenburg, erkundigte sich, was eine solche Landvogtsstelle eigentlich auf sich habe, und ob er dabey mit dem Lichte der Vernunft würde auslangen können. Seines Freundes Antwort war, wie er gestehen müsse, dafs das Lämpchen des positiven Rechts doch daneben kaum entbehrlich wäre.

Indefs, was sollte *Oeder* machen? Umringt, wie er war, von Feinden, die ihm seine Existenz in Dännemark immer verbittern würden, flüchtete er, des Kampfes müde, und in gutem Vertrauen auf sein Genie, in den ihm gezeigten Hafen.

Sturz, den er in Copenhagen gekannt hatte, erreichte nach dem grofsen Schiffbruche mit ihm diesen Hafen. Er ward als Rath bey der Regierung zu Oldenburg angestellet. So gewann diese Stadt den Besitz von zwey Männern, die einem jeden Lande Ehre gemacht hätten. Auch erhielten sie hier die Aufnahme, wozu ihr anerkanntes Verdienst sie berechtigte.

Iudefs war *Oeders* Lage bey seiner Ankunft in Oldenburg in mancher Hinsicht bedauernswerth. Zwanzig Jahre seines Lebens waren der Kräuterkunde und den damit verwandten Wissenschaften gewidmet gewesen. Mit Mühe hatte er sich nach dem vierzigsten Jahre seines Alters ganz in die Staatswirthschaft, die Finanzen und die politische

Rechenkunst geworfen. Seine Begriffe über mannigfaltige Gegenstände waren berichtiget und sein Kopf voll grofser, staatbeglückender Ideen. Liebe zur Sache hatte ihn befeuert, und die Aussicht, nun dem Reiche, welchem er seine besten Kräfte geopfert hatte, welches sein zweytes Vaterland geworden war, in seiner übrigen Lebenszeit wahrhaft nützlich seyn zu können. Vorbereitet war durch ihn die Freyheit des Bauerstandes, vorbereitet durch ihn die Eröffnung des Norwegisch-Isländischen Handels, vorbereitet durch ihn eine neue allgemeine Wittwenkasse. Alles das *vollendet*, durch *ihn* vollendet, seine Bemühungen, seine Nachtwachen zum Wohl des Staats gekrönet zu sehn, das war sein stolzer Wunsch, der einzige

zige ächte Lohn, der jedem eifrigen
Staatsbeamten winket. Auf einmal ward
das, durch viele Jahre verstärkte Band,
was ihn an Dännemark knüpfte, zerris-
sen. Er sah den Sieg, den Hohn seiner Feinde, und hatte sogar die Krän-
kung erdulden müssen, dafs einer seiner vornehmsten Widersacher, *) dem
sein Bestreben für den Bauernstand mifs-
fallen hatte, ihm beym Abschiede mit
ministerialisch - aristokratischer Insolenz
in's Angesicht sagen dürfen; »er sey
ein schädlicher Mann für Dännemark
gewesen.« — Seine Projecte sah er
vernachläfsigt, oder von andern aus-
geführt, und sich in seinem 46sten
Jahre nicht nur unter eines andern Fürsten Herrschaft, sondern auch in ein

---

*) Sch... R...

H

ganz verschiedenes Feld der Wissen-
schaft versetzt, wo er von neuem ein
Lehrling werden mußte. Hiezu kam
die fortwährende Krankheit seiner in
Schleswig zurückgelassenen Frau, deren
Hypochondrie immer zunahm, und von
deren Zustand er posttäglich beunruhi-
gende Nachrichten erhielt.

In diesen Augenblicken der Prüfung
lernte ich *Oedern* kennen. Er ward
mein Hausgenosse. Mittheilsam, der
Mittheilung *bedürftig*, wie er war, öffnete er mir ganz sein Herz, und ich
war wenigstens kein kalter Zuhörer seiner Klagen. Gewöhnlich speiseten wir
zu Abend selbander, und unser Gespräch
ergoß sich oft bis tief in die Nacht.
Hätte ich damals mehr Sinn gehabt für
alles was er sagte, meine Biographie

würde jetzt interessanter seyn. Aber ich, ein junger Mann von noch nicht 22 Jahren, der eben die Pandecten verlassen und einen gewöhnlichen Jünglingsblick an den Rhein und über den Belt gethan hatte, ich vergafs so schnell, als ich hörte. Uneingeweiht, wie ich war, in die Geheimnisse der Staatswirthschaft und politischen Rechenkunde, zeigten mir die Lichtstrahlen, die er in meine Seele schofs, nur noch mehr die Dunkelheit meiner Grundbegriffe.

Auch beschäftigte mich damals ganz die ernste Themis; und grade diese verband mich noch genauer mit *Oedern*.

Er pflegte oft selbst über seinen neuen Beruf und über seine Rechtsunkunde zu scherzen. »Ich mufs mich noch glücklich preisen,« sagte er lächelnd, »daſs man mich nicht zum Superintendenten gemacht hat.« — »Haben Sie nicht,« war sein erstes Wort, das er mir sagte, »haben Sie nicht irgend einen juristischen Trichter, durch den ich die Actenweisheit schnell überkommen kann?«

– Den hatte ich nun freylich nicht; aber ich rieth ihm, so gut ich's vermochte.

Als er im Sommer 1774 auf mehrere Monate abwesend war, um seine kranke Frau abzuhohlen, stand ich mit Landesherrlicher Bewilligung dem Gerichte allein vor, und vom Jahre 1775 an ward ich auf sein Gesuch ihm als Assessor zugeordnet. So hab' ich sechs Jahre lang in vollkommner Eintracht mit ihm gearbeitet und mich des Ver-

trauens, das er in mich setzte, gefreuet.
Ein Jurist wollte er nun einmal nicht
werden, und ward es auch nicht. Cha-
racteristisch war selbst die Wahl seiner
Rechtsbücher, indem er lieber *Projecte*
zu neuen Gesetzbüchern, als Systeme
wirklich geltenden Rechts kaufte und
las. Sein natürliches, durch Übung ge-
schärftes Gefühl von Recht und Unrecht
liefs ihn bald fast immer die vorliegen-
den Sachen richtig beurtheilen. Ich
tränkte dann mitunter das Lämpchen
des positiven Rechts, wenn es zu erlö-
schen drohte; aber ich that es so heim-
lich, dafs er den hellen Schein fast immer für die alleinige Wirkung des Ver-
nunftlichts ansah: und so wurden wir,
wie gesagt, vortrefflich mit einander
fertig.

Dännemark und dessen Angelegenheiten lagen ihm indefs noch immer am Herzen.

Ich finde unter seinen Papieren den Anfang eines Aufsatzes, den er im Jahre 1774 zu schreiben begonnen, aber nicht beendigt hat. Es sollten Memoiren seiner Zeit zum Gebrauche des künftigen Geschichtschreibers werden.

Die wichtigsten Gedanken, die er zum Wohl Dännemarks gedacht hatte, wollte er darin niederlegen, und sein Motto war der Spruch des Cicero: *) *bono viro non minori curae esse debet, qualis respublica post mortem futura, quam qualis sit, dum vivit.*

---

*) Den edeln Mann kümmert der Zustand des Staats während seines Lebens, aber nicht minder liegt es ihm am Herzen, wie es demselben nach seinem Tode ergehe.

Aber es ist bey einem geringen Anfange geblieben, aus dem jedoch folgende Züge nicht unwillkommen seyn werden.

»Die Vorfälle in der Regierungszeit Christians VII drängten sich in so grofser Anzahl und so schnell, zum Theil ganz transitorisch, und doch nicht ohne Einflufs und Folgen; sie waren dabey ihrer Natur nach so besonders und ausserordentlich, dafs der Geschichtschreiber in der etwas entfernten Zeit alle Mühe haben wird, diese Vorfälle nicht aus den Augen zu lassen, sie gehörig zu ordnen, und unpartheyisch vorzutragen. Dafs diefs geschehen möge, ist zunächst für Dännemark, dann auch für die Menschheit überhaupt zu wünschen. Denn diese Regierungszeit ist ausnehmend lehrreich. Für Dännemark ist sie beydes, lehrreich und wichtig, weil, die Folgen ungerechnet, welche in näherer Beziehung auf die Königliche Familie daraus entstehen können, diese Zeit eine Zeit der Gährung für die Nation gewesen ist, und die aufmerksamen Nachkommen von vielem, das sie erleben werden, den Keim in dieser Zeit entdecken werden; für die Menschheit ist sie, wenn gleich wegen keines merklichen Einflusses auf die Weltbegebenheiten wichtig, doch immer lehrreich, indem sie zeiget, was schwache Regierung und ausschweifende Sitten mit sich bringen.»

»Man begann schon in Friedrichs V Zeiten, an Verbesserung des Landwesens zu denken. Dieser gute König mit dem besten Herzen, das je auf einem Throne gesessen, wollte alles Gutes, und seine zwey vertrautesten Minister, *Bernstorf* und *Moltke*, wollten jene, ihres Herrn friedfertige Regierung und ihre Ministerschaft durch Beförderung der innern Glückseligkeit des Landes, durch Ausbreitung der Künste und Wissenschaften, und durch Beförderung des Gewerbes der Unterthanen in allen seinen Zweigen verherrlichen; eine löbliche Absicht, die verschiedene genommene irrige Maaſsregeln verzeihlich machen kann und macht.»

»*Bernstorf* dachte ohne Einschränkung edel, und wollte das Gute in vollem Maaſse. Er konnte sich in den Maaſsregeln irren, aber Einflöſsungen des Eigennutzes konnten ihn nicht irre machen.»

»Von diesem Fehler aber kann ich *Moltken* nicht freysprechen: und wer wird auch von einem Favoriten, der das Glück einer zahlreichen Familie zu gründen hatte, eine exemplarische Uneigennützigkeit erwarten? Dabey war er nicht gewohnt, planmäfsig und systematisch zu denken, und mit der Festigkeit zu handeln, die dem eigen ist, der bey einer, auf allen Seiten überdachten Sache gegen Einwendungen und Hindernisse gefafst ist; sondern *Moltke* war spätern Einwendungen und Eingebungen, die in die Queere kommen, wenn man ausführen und handeln soll, offen, und leicht zu Abweichungen von Planen zu bringen. Und wie vielen Einwendungen, Vorspiegelungen, Zurathen und Abrathen der Landeigenthümer un-

ter dem Adel, *im* Ministerio und *aufser*
dem Ministerio, auch Eingebungen der
Verwalter und Pächter, die sich bey
dem, von seinen Gütern entfernten Adel
so vortrefflich stehen, war er nicht aus-
gesetzt! — Ohne Zweifel (denn er war
kein böser, wohl aber ein schwacher
Mann) ohne Zweifel hat er es mit dem
Könige und dem Lande überhaupt gut
gemeinet, auch gewifs den Bauern, seinen Nebenmenschen, alles gute gegönnt;
und gewifs haben ihm diejenigen Unrecht gethan, welche ihm einer anschei-
nenden Bestrebsamkeit, die guten Absichten des Königs für den Bauernstand
zu befördern, in der That aber einer
vorsetzlichen, ausstudirten Hintertreibung
dieser guten Absichten, kurz der Heu-
cheley beschuldigt haben, wie öffent-

lich in einer anonymen, angeblich aus-
dem Englischen übersetzte Briefe enthal-
tenden Schrift geschehen. Aber gewifs
war *Moltke* immer, und nicht ohne
Ängstlichkeit, besorgt, dafs der Eifer
für den Bauernstand zu weit gehen, und
die Verbesserung ihres Zustandes allzu-
sehr auf Kosten der Gutsherren beför-
dert werden dürfte. Diese Besorgnifs
rührte davon her, oder wurde dadurch
unterhalten, dafs er, ein beschäftigter
Hofmann, die Verfassung und den Zustand der Bauern nicht anders, als aus
den Vorspiegelungen seiner Verwalter
und Pächter kannte, dafs allerdings verschiedene angebliche Freunde und Ver-
fechter des Bauernstandes theils zu viel
überhaupt verlangten, theils zu viel auf
einmal, ohne gehörige Rücksicht auf

die Verfassung des Landes, auf die Umstände der Zeit und auf die Schädlich-
keit aller plötzlichen Veränderungen,
und dafs es an einer hinlänglichen Bestimmung der schwankenden Begriffe
des Ministerii, so wie des Publici fehlte,
an einer solchen Bestimmung, wornach
sich deutlich gezeigt hätte, worauf es
bey Beförderung des Landwesens eigentlich ankomme, was die Absicht sey,
und welche Wege zu ihrer Erreichung
genommen werden müssen.»

Besonders glüht der Anfang dieser
Memoiren von Dankbarkeit gegen die
Vorsehung. »Sie hat mich auf solchen
Standort geführt, wo ich aufgefordert
ward, meine Grundsätze zur Ausführung
zu bringen; sie hat mir, wenn gleich
nur auf kurze Zeit, Einflufs verschafft.

Sie hat mich aber zu einer solchen Zeit
und unter solchen Umständen auftreten
lassen, welche die mifslichsten, auch für
den Redlichsten sind, und sie hat mich
mit Erhaltung meines unbescholtenen
Namens gnädig bewahret, nicht nur vor
der Einflechtung in sträfliche Verbin-
dungen, sondern auch vor solchen Folgen des Ungewitters, welche auch den
Unschuldigsten treffen konnten; sie hat
mich endlich dem Grolle und der Feind-
schaft derjenigen, welche ohne persönlichen Anlafs von meiner Seite, wegen
meiner Grundsätze und Gesinnungen
mich hassen, gänzlich entrücket, und
mir eine Freystätte nebst Mufse unter
der Herrschaft eines andern Herrn angewiesen. »

Zugleich durchdrang ihn aber auch

das Gefühl, dafs er dazu berufen sey,
in dieser Freystätte noch ferner nach
Vermögen dem Dänischen Reiche, welchem er die beste Hälfte seines Lebens
gewidmet, zu nutzen. Denn nur so,
meinte er, erhalte sein ganzes Leben einen zweckmäfsigen Plan.

In dieser Überzeugung schrieb er an
den damaligen Günstling des Prinzen
Friedrichs, *Guldberg*, und bot seine
Dienste zu Ausführung eines Projects
der Wittwenkasse an, das er erst seit
1773 nach einer veränderten Theorie
ausgearbeitet hatte. Der Minister antwortete ihm im Apr. 1774: » dafs der
König nicht zu bewegen sey, sich der
Einsichten eines, in Diensten eines fremden Fürsten stehenden Beamten zu seinen innern Staatsangelegenheiten zu be-

dienen, und daſs der König gegen seine eignen Unterthanen ungerecht zu seyn glaube, wenn er nicht unter ihnen Männer zu finden hoffe, die ein solches Project, in so fern dessen Ausführung gerathen gefunden werden sollte, auch zu untersuchen und auszuführen vermöchten.» —

. . Wirklich überzeugte man sich nun in Copenhagen von der Wahrheit dessen, was man *Oedern* in den Jahren 1771, 72 und 73 nicht ohne gewaltigen und hartnäckigen Widerspruch hatte glauben wollen. Die Einrichtung der seit 1739 bestandenen Wittwenpensionskasse des Militäretats, welche aber durch den Beytritt andrer Stände bald allgemein geworden war, ward als untauglich erkannt, und am Ende des Jahrs

1775

1775 eine neue allgemeine Wittwenkasse errichtet.

Oeder, voll seiner neuen Theorie, brachte nun im Jahre 1776 Ideen davon in's Publikum. *) Er musterte die Copenhagner, die Calenbergische, die Bremer Wittwenkasse. Er gestand, dafs es ein mifsliches Ding um Wittwenkassen sey, indem die Anstalten noch zu jung wären, als dafs man aus der Erfahrung entscheidende Urtheile fällen könnte. Er zeigte indefs, worin er in seiner Theorie von *Price* abweiche, und wünschte, dafs bald jeder Staat, hätte er auch nur eine Volkszahl von etwa 100,000 Menschen, seine eigne Anstalt errichten, und dadurch seinen

---

*) Museum von 1776. S. 604. u. f.

I

Unterthanen die Zuflucht zu Anstalten fremder Staaten entbehrlich machen möchte.

Er hatte bald das Vergnügen, seine Ideen zur Ausführung gebracht zu sehen, indem zu Hamburg nach seinen Vorschlägen eine allgemeine Versorgungsanstalt errichtet ward. Indefs hatte er bey zweyhundert, aus der Totalität von Menschen zufällig ausgehobenen Personen eine Probe angestellet, dabey die Unzuverlässigkeit seiner bisherigen Tabellen gefunden, und sich überzeuget, dafs der, zum Erkauf einer Pension bisher als hinlänglich von ihm angenommene Beyschufs noch nicht hinreiche. Er eröffnete diese Entdeckung offenherzig nicht nur den Vorstehern der Hamburgischen Versorgungsanstalt, sondern auch dem Publikum, *) und berechnete nun andre Tabellen nach einer verschiedenen Methode.

Auch stellte er der Bremischen Wittwenkasse ihr Horoscop. Kunstverständige gaben ihm Recht, und sahen ein, daſs, wenn die spätern Wittwen nicht hintergangen werden sollten, 40 für's Hundert von den Pensionen abgezogen werden müſsten. **) Die Oldenburgische Landesregierung war weise genug, Oeders Talent, das sich so unermüdet aufser der angewiesenen juristischen Sphäre einen Wirkungskreis schaffte, zu erkennen, zu ehren, und zum Besten

I 2

---

*) Museum, Jahrg. 1779. I. S. 349. II. S. 96.
**) Schlözers Staatsanz. Th. IX. Heft 51.

des Staats zu nutzen. Er erhielt den Auftrag, einen Plan zur Wittwenkasse für das Herzogthum Oldenburg und das Bisthum Lübeck vorzulegen. Er that es in Verbindung mit dem Oldenburgischen Cammerdirector, Cammerherrn *von Hendorf*, dessen Sachkunde durch ein, wegen der Bremer Wittwenkasse von ihm abgegebenes Bedenken erprobet war. Schon am Ende 1779 kam die Wittwen- und Waisenkasse zu Stande, deren Direction *Oedern*, dem Cammerherrn *von Hendorf* und dem damaligen Bürgermeister, Justizrath *Arens*, übertragen ward. *)

---

*) Verordnung wegen einer errichteten Wittwen- und Waisenkasse für die Hochfürstl. Bischöfl. Lübekischen und Herzogl. Holstein-Oldenburgischen Lande. Eutin, den 1. Nov. 1779.

Die dieser Verordnung beygefügten Tabellen sind berechnet nach der im Museum, auf eine für jedermann faßliche Weise, vorgetragenen Methode. Die Süßmilchische Mortalitätstabelle ist dabey zum Grunde geleget, und der Zinsfuß zwey Procent halbjährig angenommen. Die Tabellen sind beydes auf Capital- und Contributionsfuß eingerichtet. Jeder Interessent hat die Wahl, auf dem einen oder andern Fuß für die ganze Pension, welche er bestellet, und auch für einen beliebigen Theil der Pension auf dem einen Fuß, für den Rest auf dem andern Fuß, einzutreten, portionsweise, die Portion zu zehn Rthlr. jährliche Pension gerechnet. Eine einmal zum Genuß gelangte Frau behält die Pension, des Wiederheirathens ungeachtet, während ihrer ganzen Lebenszeit. . . . Es stehet aber bey dem Manne, der die Pension erwirbt, zu verfügen, daſs im Fall seine Wittwe zur zweyten Ehe schreite, die Pension seinen mit ihr erzeugten Kindern zu gute kommen solle; versteht sich, so lange diese ihre Mutter lebt. Und dieses ist ein Punct, worin diese Anstalt von der gewöhnlichen Verfassung abgeht. Der Calcül läſst sich nemlich nicht anders machen, als mit der Voraussetzung, daſs eine Frau, die ihren Mann überlebet, für ihre ganze übrige Lebenszeit die Pension zieht. Wenn der, aus dem Einziehen der Pension bey der Wiederverheirathung entspringende Vortheil sich unter Calcül bringen lieſse, so müſste dieser Vortheil sämmtlichen Genossen zu

gute kommen, und mittelst einer ver-
hältnifsmäfsigen Milderung des Pensions-
preises ihnen zugewendet werden. Da
aber diefs nach *Oeders* Meinung auf
keine Weise möglich ist, und die Anstalt, welche den vollen Preis der Personen sich hat zahlen lassen, zu dem
erwähnten Vortheile kein Recht hat, so
mufs die Pension der Frau, oder den
Kindern des Erwerbers während der
Lebenszeit der Mutter bleiben.

Die Anstalt ist für alle Unterthanen,
jedoch nur für Unterthanen und keine
Fremde. Herrschaftliche Bediente aber
sind zum Beytritte nach Maafsgabe ihrer
Amtseinkünfte verbunden; wobey ihnen
frey steht, über das vorgeschriebene
Pensionsquantum zu gehen. Jedoch
kann dieses Quantum die Summe von

5oo Rthlr. jährlicher Pension nicht über-
schreiten.

Der Landesherr, von dem keine
Wittwenpension mehr zu erwarten ist,
läfst der Anstalt vorerst jährlich 5oo
Rthlr. zufliefsen, wovon die Administra-
tionskosten bestritten werden, auch den
Bedienten eine Erleichterung ihres Pflicht-
quanti zu gute kommt, so vorjetzt der
achtzehnte Pfennig ist.

Der Fonds der Anstalt wird bey
Landeseingesessenen auf sicheres Land-
eigenthum belegt. Der Landesherr ist
Garant der Anstalt, und jegliche Ne-
benabsicht der Finanz ist entfernt geblieben. Über die Kostbarkeit mufs
und wird kein Interessent sich beschwe-
ren, der die, dem gemeinen Menschen-
verstande begreiflich gemachte Natur

einer solchen Anstalt erwäget, und nicht
durch schwindlichte Begriffe, vieles mit
wenigem erkaufen zu können, geblen-
det ist. *) Auch hat man nach Erfah-
rungen, die an ausgestorbenen Ehepaa-
ren hiesigen Landes gemacht waren,
Prüfungen angestellet, und gefunden,
dafs für Menschen, bey welchen die
von *Süfsmilch* beobachteten Naturgesetze
eintreffen, Wittwenkassen nicht wohlfei-
ler gemacht werden können. **)

Dies ist der Geist einer Anstalt, die
nun durch eine Dauer von dreyzehn
Jahren bewährt erfunden ist.

---

*) Schlözer St. A. Th. IX. Heft 51.

**) Siehe Beyl. zu N. 12. 15. 44. der Olden-
burgischen Wöchentl. Anzeigen vom Jahr
1780.

Oeder hat sich dadurch nicht nur *in diesem Lande* ein dauerndes Denkmal gestiftet, sondern auch, als einer der ersten, welcher über diese wichtige Materie ein Licht verbreitet hat, den Dank *der Welt* verdient.

Aber dies ist nicht das einzige Denkmal, das er dem Herzogthum Oldenburg hinterliefs. Unter seiner Direction und Aufsicht geschah durch den dazu aus Copenhagen erbetenen Königlichen Dänischen Landmesser, Caspar *Wessel*, in den Jahren 1782 bis 1785 die Landesvermessung des Herzogthums Oldenburg. Diese Vermessung ist, wie die Dänische, auf trigonometrische mit astronomischen verbundene Observationen gegründet. Die Vermessung erstreckt sich nicht nur über beyde

Ufer und die Mündung des Weser-
stroms, sondern die Triangelreihe ward
mit Einstimmung der benachbarten Lan-
desregierungen noch weiter hinunter bis
an die Landspitze bey Ritzebüttel, und
von da an, die Elbe hinauf bis Frey-
burg und Hammelwörden, Glückstadt
gegen über, geführt, wo die Dänische
Triangelreihe der Oldenburgischen die
Hand bot. Orte, deren Lage genau zu
wissen, der Schiffahrt wegen wichtig ist,
und die Mündungen der Elbe und Weser, diese Thüren zu Deutschland, haben dadurch ihre genaue Bestimmung
erhalten.

Oeder hatte auch hier, wie bey der
botanischen Anstalt, grofse, weit grei-
fende Ideen. »Wenn,« bemerkte er,
»wenn dieses, von unsrer Landesherr-

schaft gegebene Beyspiel, meines Wissens das erste, in Deutschland, Nachfolge erweckte, und solcher, von Orten, die mit wohlversehenen und wohlbedienten Observatorien versehen sind, ausgehenden Triangelreihen mehrere gezogen würden, z. E. von Berlin nach Holstein zur Combination mit dem Dänischen Triangelsystem; von Berlin nach Göttingen, von Göttingen nach der Oldenburgischen Gränze, zur Combination mit dem Oldenburgischen Triangelsystem; von Göttingen nach Mannheim u. s. w., so würde ein, von grofsen Mathematikern geäufserter Wunsch erfüllt, und der beste Grund zur Geographie von Deutschland gelegt.»

Nachdem durch *Wessels* Arbeit das trigonometrische Netz gespannt war, so begannen nun zu dessen Ausfüllung der Geodäten Arbeiten, deren Ende *Oeder* nicht erlebet hat. Da sein Plan in Ansehung der *Extension* schwierig war, so hatte er dies wieder an *Intension* zu gewinnen gesucht. Die Vermessung sollte nemlich in ein beyspielloses, selbst öconomisches Detail gehen. Hiernach wäre, in sofern man nicht mehrere Arbeiter angestellet hätte, das Ganze in vielen Jahren nicht geendet worden, nach deren Verlauf durch Nachtrag der immittelst vorgegangenen Veränderungen die Arbeit hätte erneuert werden müssen. Der Plan ist daher nach *Oeders* Tode etwas eingeschränkt, und wir werden immer seinem Antriebe in wenigen Jahren eine vorzüglich schöne Charte des Herzogthums Oldenburg und seiner Gränzen zu verdanken haben. *)

Diese Arbeiten, welche er neben dem richterlichen Amte und nach seiner Gewohnheit mit unermüdetem Eifer betrieb, lenkten seine Blicke dennoch nicht von Dännemark ab, dessen Angelegenheiten ihn bis an sein Ende vorzüglich interessirten.

Welche Freude mufste es daher für ihn seyn, als im Jahre 1786 unter den Auspicien des edeln Kronprinzen der Punct der Freyheit des Bauernstandes wieder rege ward; als seine Grundsätze, welcherwegen er ehemals angefeindet

---

*) Nähere Nachrichten von dieser Landesvermessung gab *Oeder* selbst in den *Blättern vermischten Inhalts* 1. B. S. 464 II B. S. 3. 93. 469.

war, nun die Oberhand gewannen, und als, ihnen gemäfs, eine Commission zu Untersuchung des Verhältnisses zwischen den Gutsbesitzern und Bauern in Dännemark, niedergesetzt ward!

Um, so viel an ihm war, zu dem guten Erfolge beyzutragen, liefs er nicht nur sein im Jahre 1769 herausgegebenes *Bedenken* nebst den *Zusätzen* wieder abdrucken *) sondern er vermehrte die Schrift noch mit *fünf Beylagen,* worunter die Betrachtungen über die Verfassungen der Nationalmiliz in Dännemark, und die nähere Erörterung des in Dännemark zwischen dem Gutsherrn und seinen Gutsbauern obwaltenden Verhältnisses, nebst den dabey gethanen

---

*) Altona. 1786.

Vorschlägen, der niedergesetzten Commission sicher willkommen gewesen sind.

Daſs aber in Dännemark auch jetzt noch das Geschlecht der Bauern*feinde* nicht ausgestorben war, davon zeugt eine Schrift, worin noch im Jahre 1786 der Verfasser des *Bedenkens* auf eine unwürdige Weise wegen seiner Grundsätze angegriffen und wegen Unfacta verläumdet ward. Das Publikum widmete den Schmäher der verdienten Verachtung schon eher der Geschmähte ihn einer Antwort gewürdigt hatte. *)

Die

---

*) *Oeders Appell an das Dänische Publikum*, im neuen Kielischen Magazin. 1. S. 214. Auch ist die Piéce in *Schlözers* St. A. abge-

Die schönste Rechtfertigung war das Resultat der niedergesetzten Commission, die Verordnung vom 20 Juny 1788. Sie fand endlich den Grund, warum Friedrichs IV edle Absicht, den Zustand des Bauern zu verbessern bisher vereitelt worden, in der Einrichtung der Landmiliz. Sie verbesserte diese Einrichtung und erklärte nun mit Zuversicht: »Das Land, welches die Bauern an die Güter bindet, soll vom 1sten Januar des Jahres 1800 gänzlich aufhören.« *) Wäre *Oeder* jünger gewe-

_____

druckt und in's Dänische übersetzt. Eine minder bedeutende Fehde hatte er 1781 mit dem Professor *Fabricius*, welcher, um die Dänische Indigenatverordnung zu *rechtfertigen*, gegen *Oedern* ungerecht war. Siehe *Oeders Rüge einer Zudringlichkeit.*

*) S. Heinzens Sammlung zur Geschichte und

K

sen, vielleicht wäre er unter den jetzigen glücklichen Aussichten dem Rufe zur Rückkehr nach Dännemark gefolget, der um diese Zeit an ihm erging. Indefs versüfste doch diese Anerkennung seines Verdienstes und des ihm gethanen Unrechts seine letzten Tage, die unwandelbar dem Wohle Dännemarks gewidmet blieben.

Es ging nicht nur denen, die im Ministerium safsen, auf ihr Verlangen mit Nachrichten und Erörterungen an Hand, sondern er fuhr auch fort, mittelbar durch Schriften zu wirken.

Heftig stritt man um diese Zeit in Dännemark über die neuen Münz - und Bank-Operationen in Holstein. Auch

---

Staatswissenschaft. 1. S. 316. wo die ganze schöne Verordnung deutsch zu lesen ist.

hier war *Oeder* in seinem Elemente und entwickelte seine Ideen kurz und bündig in verschiedenen Aufsätzen über Papiergeld, über Banko, Courant und Münze, alles in Rücksicht auf jene Operationen. Er schärfte ein, dafs die ganze Existenz einer Zettelbank auf der Opinion beruhe, auf der, durch die Erfahrung bestätigten Überzeugung, dafs jedem sein Zettel so gut als klingende Münze sey, daher dann alles auf Erhaltung dieser zärtlichen Pflanze, der Opinion, ankomme.»

Im Ganzen genommen war er kein Freund der neuen Operation. Aber er war der einzige Tadler, der in seinem Urtheile nicht blos niederrifs, sondern zugleich wieder aufbaute, nicht blos das that was seiner Meinung nach nicht

K 2

hätte geschehen müssen, sondern zugleich andeutete, wie man die Sache auf andre Weise hätte angreifen können. *)

Die letzte Abhandlung *über Papiergeld* ist auch merkwürdig wegen seines Urtheils über Frankreich.

»In dieser neuesten Zeit,» sagt er, »tritt der Welt das Phänomen eines Staats, eigentlich zum zweyten Mal in Einem Jahrhundert desselben Staats, vor Augen, der einem unmäfsigen Theil der gröfsern Hälfte seiner Staatsschuld, zwangsweise, die Gestalt von Papiergeld geben, Verbriefungen über diese Schuld ausstellen will, zu deren Realisation keine bestimmte Zeit gesetzt ist, sondern

---

*) S. A. Lütt. Zeit. von 1791. N. 218. 220. bey den Nummern 35. 57. 72.

die alle auf Sicht lauten, also alle zur Realisation gleich nahe sind, — eines Staats, wo das Papiergeld noch nicht existirt, das an dessen Gebrauch und Umlauf noch nicht gewöhnt ist, sondern wo dies Geld plötzlich eingeführt, eigentlich den Empfängern aufgebürdet wird. An sich schon machen die Staatsschulden dieses Staats eine so enorme Masse aus, dafs überhaupt die Möglichkeit des Abtrags schwer zu begreifen ist; eines Abtrags, der nothwendig einen allmäligen Gang nehmen mufs, also auch nothwendig einen richtig angeordneten Gang, so dafs jeder Theil der Schuldenmasse nach Zeit und Stunde zur Realisation und Bezahlung gelangt. — Doch es hat dieser Staat auch grofse, schwer zu überschauende und zu be-

rechnende Hülfsmittel. — Aber von der
Circulation einer Menge von Verbriefungen, die ein, vielleicht allem in der
Welt existirenden Golde und Silber
gleichkommendes Total ausmachen, und
die zur Realisation alle gleich nahe,
folglich auch alle von der Realisation
gleich weit entfernt sind, — von einer
solchen Circulation habe ich keinen Begriff, und die Vorstellung von der daraus zu erwartenden Verwirrung ist für
meine Einbildungskraft schauderlich. So
z. E. begreife ich nicht, wie bey oder
neben solcher überschwenglichen Menge Papiergeldes Metallgeld sich erhalten soll, begreife nicht, wie, gesetzt
auch, dafs ein Staat zum einländischen
Verkehre Metallgeld entbehren könnte,
er sein auswärtiges Gewerbe ohne Me-

tallgeld führen, seinen politischen Ver-
hältnissen mit der ganzen Welt ohne
Metallgeld Genüge thun will. Denn es
bleibt doch wohl wahr, wenigstens
weiſs ich von diesem altväterlichen
Glauben mich nicht los zu machen,
daſs nur das wahres Geld ist, was in
der ganzen weiten Welt dafür aner-
kannt wird, nur *wahres* Geld *nervus
rerum gerendarum* ist: mehrerer anderer Bedenklichkeiten nicht zu erwäh-
nen, ausser noch der, daſs, wie es
scheint, an die sehr mögliche, sehr be-
sorgliche Einmengung falschen Papiers
unter die unermeſsliche Menge von As-
signaten, an den warnenden Grundsatz,
daſs was Menschenhände machen, von
Menschenhänden auch nachgeahmet werden kann, nicht gedacht wird.»

Aus diesem letzten so wahren Grundsatze folget dann, dafs eine gänzliche Unverfälschlichkeit der Zettel unmöglich ist. Die möglichste *Erschwörung* der Nachahmung und Verfälschung ist also dasjenige was sich erstreben läfst.

Oeder hat auch dies zum Gegenstande seines eifrigen Nachsinnens gemacht, *und ein Mittel erfunden.* Natürlicherweise ist es nur so lange bewährt, als es ein Geheimnifs der Regierung bleibt. Die davon vorhandenen Papiere, über deren Abstand *Oeder* schon in den letzten Jahren seines Lebens mit einigen Regierungen in Unterhandlung gestanden, sind gleich nach seinem Tode versiegelt, und harren des Regenten, dem die Ideen, welche ein *Oeder* über einen solchen wichtigen Ge-

genstand geheget, schätzbar genug erscheinen, um sie nicht untergehen zu
lassen.

Den Aufsatz über Papiergeld schrieb
Oeder am 3osten October 1790, *) und
es ist das letzte, was er für das Publikum geschrieben hat.

Er hatte schon seit **mehrern** Jahren
leichte Anfälle vom Podagra, die er wenig achtete. Bedenklicher wurden in
dem letzten Jahre schlagartige Schwin-
del. Beyde Übel verbanden sich jetzt
gegen seine sonst feste Constitution,
und er erlag nach einer fast sechswöchi-
gen Krankheit am 28. Jan. 1791.

Die Lebhaftigkeit seines Geistes verliefs ihn auch in seiner Krankheit nicht,

---

*) Schlözers St. Anz. XI. Heft. 43. S. 587.
XII. Heft 47. XV. Heft 59. S. 291.

und seine Ideen von Papiergeld, mit denen er sich auf's Krankenlager warf, blieben ihm vorzüglich gegenwärtig.

Gern wäre er noch unter seiner Familie geblieben, in deren Schoofse er sich so glücklich fühlte. Doch sah er mit ächtchristlicher Ergebung seiner Auflösung entgegen, tröstete die trauernden Seinen, segnete väterlich die ihn umringenden Kinder, und schied. — Seine Gebeine ruhen auf dem Kirchhofe aufser der Stadt unter Linden. *Widewalts* Meifsel beschäftiget sich jetzt mit einem Monumente aus Nordischen Marmor, das des Geschiednen Andenken unter uns ehren und folgende Inschrift führen soll:

Hier ruhet

Georg Christian von Oeder

Stiftsamtmann und Landvogt.

———

Er war geboren 1728. d. 5. Febr.

Er starb 1791. d. 28. Jan.

———

Seine Werke

folgen Ihm nach.

———

Dem geliebten Gatten

Setzte dies Denkmaal

die tief gerührte Wittwe

Cathr. Gerdr. v. Oeder geb. Matthiessen.

Daniens

Blumen und Kräuter

Sammelt' und flocht er zum dauernden Kranz.

Sichre Pflege

danken die Wittwen

Ihm

Ihn segnet der Dänische Landmann,

welchem sein kühner Ruf

erster Bote der Freyheit ward. *)

Oeder hinterliefs eine Wittwe und drey Kinder, eine Tochter und zwey Söhne. Seine erste Gattinn, geborne

---

*) Als Anhang folgen die ersten Empfindungen einiger nahen und fernen Freunde des Verstorbenen.

Ericius, starb zu Anfang des Jahres 1776
und am Ende desselben Jahres ehelich-
te er des verstorbenen Königl. Dänischen Justizraths *Conrad Matthiessen*
zu Altona älteste Tochter, welche ihn
überlebte. Diese zweyte Ehe, die bald
mit Kindern gesegnet wurde, ward ihm
eine Quelle der reinsten, häuslichen
Freuden. Wohl selten ist das Beyspiel,
dafs ein, wie er mit Geschäften über-
häufter Mann, für den dabey Lectüre
und Schriftstellerey so vielen Reiz hatte, der, möcht' ich sagen, für seinen
Gelehrten - Ruhm fast ängstlich sorgte,
dafs der dennoch ein so guter Gatte,
ein so guter Vater war. Es war ein
schönes Schauspiel, seine Spätlinge um
seine Kniee spielen zu sehn, zu sehn,
wie er mit Wonnethränen im Auge an

ihnen hing, und sich glücklich fühlte durch sie.

Diese Liebe zu seinen Kindern war es auch wohl, die ihn bewog, dem Vorurtheile nachzugeben und sich ein paar Jahre vor seinem Tode ein Reichs-Adels - Patent zu erwerben, dessen er wahrlich nicht bedurfte. Mehr als diefs Patent, wird das Verdienst des Vaters die Söhne zur Nacheiferung spornen, und dann wird der gerechte Staat auch ohne Rücksicht auf die Verbriefung, diefs Verdienst noch in den Söhnen zu ehren wissen. *)

Oeder war ein Mann von mittler, fast kleiner Statur. Der Blick seiner kleinen Augen verrieth den Denker.

---

*) In Dännemark sowohl als in Anspach ist ihnen schon das Indigenatrecht zugestanden.

Die Regsamkeit seines ganzen Körpers
war der Ausdruck der seltenen Geschäf-
tigkeit seines Geistes. Diesen Geist
charakterisirt schon die simple Erzäh-
lung seines Lebens. Allenthalben er-
scheint er als der Mann voll freyen
festen Sinns, voll Edelmuth und nicht
zu ermüdender Thätigkeit. Besser und
wahrer als ich's vermag, zeichnet er sich
in dieser Hinsicht selbst in seinen nachgelassenen Handschriften: »Von jeher,»
sagt er, »hatte ich einen Hang zu politisch - öconomischen Betrachtungen.
Nach einiger Übung in diesen Arbeiten,
bey einem mehr und mehr zunehmen-
den Vorrathe von Kenntnissen und Er-
fahrungen, mit einem, aus der Mathematik und der Naturgeschichte ange-
nommenen und geläufig gewordenen

Geist des Calcüls und des Systems, mit
viel Liebe zur Arbeit, mit einigem Talent, mit einem gewissen Grade von
Geduld und einem Handgriffe, wenn
ich es so nennen mag, die dazu gehören, um verwickelte Sachen zu entwik-
keln, mit einer durch Übung gestärkten
Gabe des Vortrags, mit einer unbiegsa-
men Wahrheitsliebe und Unabhängigkeit von Vorurtheilen, darf ich mir allerdings ein gewisses Geschick zu Finanzen und andern Gegenständen der
Staatswirthschaft anmafsen.»

Er war dazu geboren, eine Sache,
für die er sich interessirte, in Gang zu
bringen, eine neue Seite daran hervor-
zukehren, einen neuen Plan auszuspin-
nen, und solchem Eingang zu verschaf-
fen. Bey der Ausführung gereichte dann

ein

ein mäfsigender und leitender collegia-
lischer Rath der Sache meistens zum
Vortheile.

Der Gegenstand, welcher ihn beschäftigte, füllte seine ganze Seele und
liefs ihn nicht ruhen, bis er ihn zur
That erwachsen sah. Einseitig macht
freylich diese Gemüthsstimmung; alles
will sie in den Strudel jenes Gegen-
standes mit sich fortreifsen; allen Ideen,
die andern grade näher liegen, verwehrt
sie den Zugang. Aber nur sie ist es
doch, welche Hindernisse überwindet,
die minder Eifrigen unüberwindlich ge-
schienen hätten.

Diese Gemüthsstimmung machte ihn
aber nicht unempfindlich gegen die Freuden des geselligen Lebens. Er liebte

L

den Witz und konnte aufserordentlich
froh und jovial seyn.

Hatte ein launiger Gedanke ihn er-
griffen, so hegte und wiederhohlte er
ihn mit innigem Wohlgefallen. *Musäus*
Schriften vergnügten ihn besonders. Jeder Theil der Volksmährchen machte
ihm neue Freude, bis er an die Stelle
kam, da der Spötter *Musäus* den verstorbenen Cammerrath *Oeder* zu Braunschweig wegen einer halbvergessenen
Gespensterhistorie »*den Geisterseher*»
nannte. Da erwachte *Oeders* Bruder-
liebe. Er schrieb darüber an *Musäus*,
und dieser gutmüthige Mann *) ehrte
Oeders Empfindlichkeit wegen ihrer
Quelle. »Ich mag die anstöfsige Stelle,

---

*) Seine Grabschrift hat Pope gemacht:
In wit a man, simplicity a child.

die mir in einem Augenblicke entschlüpf-
te, wo mich die Muse nicht freundlich
anblickte, weder vertheidigen, noch ent-
schuldigen,» schrieb er. »Es kommt
nur darauf an, für die verwirkte Schuld
den Ersatz zu leisten, der in meinem
Vermögen steht.» Er erbot sich zu einer öffentlichen Palinodie, welche dann
auch mit *Oeders* Genehmigung in einem öffentlichen Blatte *) und in einem
der folgenden Theile der Volksmährchen erschien. *Oeder* meinte hierdurch
den Schatten seines verstorbenen Bru-
ders versöhnt zu haben, und sein Un-
wille gegen *Musäus* ging nun in gröfsere Verehrung und Liebe für den Mann
über, der ihm dies Opfer gebracht hat-

---

*) Der Gothaischen Zeitung.

te. Freundlich wandeln sie jetzt Hand in Hand in Elysium, und lächeln über ihre Erdenfehde.

Ich schliefse diese Biographie mit *Oeders* eignen Worten, die er in seinen abgebrochnen Memoiren von sich gebraucht:

»Ich kann dem Gedanken Platz lassen, der einem Manne, welcher den Werth des Lebens und des Daseyns fühlt, vor allen der angenehmste und befriedigendste ist: nicht ohne Nutzen in der Welt gewesen zu seyn.« — Wohl wenige können dies mit solcher Wahrheit von sich sagen, als *Oeder*. Nein! Du hast nicht umsonst gelebt, Verewigter! Dein Verdienst wird noch in den Folgejahrhunderten strahlen, und der späte Enkel dein Andenken segnen.

H. S. E.

G. C. Oeder.

Scientia historiae naturalis clarus,

reipublicae administrandae clarior,

Libertatis rusticorum strenuus vindex

assertorque inter primos

Peregrinus licet,

mente animoque tamen Danus Norvagus.

Amico desideratissimo posuit

P. F. Suhm.

Weilet gedankenvoll bey der Gruft des Denkers,

und lernet

Vom thatreichen Verdienst, welches sich

selber belohnt.

Blumen streuet auf's Grab des Blumenkundigen!

Ihm gleich

Gattet Freude mit Ernst, Eifer mit forschen-

der Ruh.

F. L. Gr. z. Stolberg

An Oeders Grabe.

Den 28sten Jan. 1791.

Klagt ihr Edeln alle!
Der Edelsten einer schied.

Flora,
du, deren Kinder er sammelte im kalten Norden,
streue Blumen auf's Grab
deines Geweihten.

Du verkanntest den Redlichen
o Dania,
trugst noch die Wahrheit nicht,
der unabweichlich er huldigte:
Aber dein Landmann
segnet ewig die Asche des Mannes,
dessen eifernder Ruf
ihm Freyheit bereitet' und Eigenthum.

Dem Weisen

öffnete gern Oldenburg seine Arme,

und dem neuen Vaterlande

lebt' er nicht umsonst.

Wittwen

später Zeiten!

wenn ihr ungedrückt von Mangel

euer Leben lebet,

denkt, es war er,

der auf der Sterblichkeit ewigen Gesetzen

unerschütterlich euer Wohl baute.

———————

Er starb,

das Muster rastloser Thätigkeit.

Nur Ein Gedanke

füllte seine Seele

bis vollendet die That stand.

Heil dem Manne,

dem solche Thaten

folgen in's ernste Gericht!

Schon hier begann sein Lohn,

der schönste,

den seinen Lieben

Gott aufbewahrt:

Treuer Gattin Zärtlichkeit und innige Vaterfreude

war seiner Tage Abendroth.

––––––––––

Friede dem Entschlafnen!

v. H.